Sportscapes
A critique and alternatives

스포트스케이프
비평과 대안

저자 **유 상 건**

지금

Sportscapes
A critique and alternatives

스포트스케이프
비평과 대안

Sportscapes
A critique and alternatives

스포트스케이프
비평과 대안

지은이 유상건
펴낸이 김지연
펴낸곳 지금
초판1쇄 2021년 5월 31일
등록 제319-2011-41호
주소 06924 서울특별시 동작구 장승배기로 128, 305호(노량진동, 동창빌딩)
전화 (02)814-0022 FAX (02)872-1656
홈페이지 http://www.papergold.net
ISBN 979-11-6018-277-4 93070

일러두기

1. 이 책은 국립국어원 표기법을 준수하였다.
2. 외국 인명이나 지명, 작품명은 될 수 있는 한 국립국어원의 외래어 표기법을 따르되, 굳어진 용례는 관행을 따라 표기하였다.
3. 단행본은 겹낫표(『 』)로, 신문, 잡지, 논문, 영화는 홑화살괄호(< >)로 표시하였다.

머리말

스포츠sport는 단순한 규칙으로 이뤄져 있지만 펼쳐지는 세계는 복잡하고 중층적(中層的)이다. 우리에게 즐거움을 주지만 때로는 논쟁거리를 제공한다. 또 가벼우면서도 무겁고, 뜨겁다가도 차가우며, 얇고 넓게만 보이다가 어떤 때는 두껍고 깊게 느껴지기도 하고, 경쾌하면서 동시에 심각하고, 하찮으면서도 중요하다.

스포츠의 여러 모습에 대해 사색하고 고민한 결과를 한 권으로 묶었다. 그래서 이 책은 '스포츠 관찰 분석 애정 고백기'라 할 수 있다. 내용 소개에 앞서 우선 제목인 『스포트스케이프: 비평과 대안Sportscapes: A critique and alternatives』에 대해 설명하고 싶다. 스포트스케이프sportscapes란 단어는 아르준 아파두라이Arjun Appadurai가 『고삐 풀린 현대성Modernity at large』에서 제시한 에스노스케이프ethnoscapes, 미디어스케이프mediascapes, 테크노스케이프technoscapes, 파이낸스스케이프financescapes, 이데오스케이프ideoscapes에서 착안됐다. 전 지구적 문화 경제 현상의 동역학을 설명하기 위해 그가 사용한 용어들이 매우 효과적으로 보였는데 개인적으로는 인도 크리켓cricket의 탈식민지화에 할애한 5장이 인상적이었다. 그에 따르면 크리켓은 영국 관리들에게 한때 '공동체적인 적의의 물줄기에 대한 일종의 안전밸브 역할'이었지만 '토착화 과정을 통해 인도의 상징'이 됐고, '인도인의 신체에 각인'되기에 이르렀으며 '영국의 것이었던 놀이를 자국의 것으로 빼앗아왔다는 감각을 제공'하는 데 이르렀다. 크리켓(스포츠)의 영향과 의미에 대한 그의 분석과 설명은 여기서 더 진전되지는 않는다.

스포츠가 우리 사회 한 귀퉁이에 있는 특별할 것 없는 그저 그런 구성요소일 뿐이라 생각할 수도 있겠지만, 위상과 역할이 달라진 것은 사실이다. 그래서 경기 분석 이외에 좀 더 세밀하고 세심하게 여러 관련된 주제를 살펴볼 필요가 있다. 하물며 이름 없는 풀 한 포기도 우리의 해석에 따라 의미가 달라진다고 하지 않는가. 본문 10의 '코로나19 바이러스와 스포츠 팬 그리고 스포츠의 미래'에서 '스포트스케이프'에 대해 좀더 설명했다.

현재 벌어지고 있는 다양한 스포츠 현상을 지켜보다 보면 우리 눈앞에 어떤 풍경landscape이 그려진다. 이를 '스포트스케이프sportscapes'라 불러도 좋을 것이다. '스포트스케이프'라는 개념은 아르준 아파두라이Arjun Appadurai가 『고삐 풀린 현대성Modernity at large』에서 제시한 '에스노스케이프ethnoscapes'에서 착안됐다. 스포츠 팬들의 스포츠 경험이 미디어를 통해 표출되고, 그들의 체현된 표현이 드러내는 일련의 전경을 의미한다. 이 같은 풍경은 '스포츠 스타, 스포츠 활동, 스포츠 팬의 가상 세계imagined lives 속에서 나타나는 반응'과 함께 '유동적이면서도 불규칙한 스포츠와 관련된 의식의 흐름'까지 포함한다(Yoo et al., 2018). 따라서 이 연구에서 사용한 '스포트스케이프'라는 용어는 기존에 연구자들이 사용했던 개념과는 다른 의미를 갖는다. 예를 들어, 마크 스토다트Mark C.J. Stoddart(2010)는 페미니스트 운동이 스포츠 현장의 성 평등에 긍정적으로 작용함에도 불구하고 스키 문화에서는 여전히 '남성성 편향의 스포트스케이프(Constructing masculinized sportscapes, 2010)'가 노정된다고 주장했다. 특정 스포츠와 관련해 문화적 현상을 표현하기 위해 사용했을 뿐, 미디어를 통해 나타난mediated

> 의식의 변화를 담아내지는 않았다. 존 베일John Bale은 스포츠 경험을 설명하기 위해 공간적 영역과 특정한 장소를 설명하는 개념으로 '스포트스케이프'란 용어를 사용했다(Dyreson 재인용, 2008). 여기서는 단순히 지리적인 뜻으로만 개념을 한정했다. 스포츠경영학에서는 더욱 제한적으로 사용됐는데, 매튜 생크Matthew D. Shank와 마크 리버저Mark R. Lyberger(2015)는 '스포트스케이프sportscape'는 경기장의 물리적 환경을 의미하며, '경기장 접근성, 시설의 미적 요소, 전광판의 품질, 좌석의 편안함, 공간 배치의 접근성' 등으로 구성된다고 설명했다(이상학 외, 2017). 경기장이라는 공간에만 연결시켰다는 점에서 가장 좁은 의미로만 사용했다.

한국 사회에서 펼쳐지는 '스포츠 풍경'에 대해 쓴 기존의 글을 나름의 기준으로 분류했다. 01에서는 '스포츠 세계에서의 진보와 보수'를 다뤘다. 여기서 진보와 보수는 흔히 정치에서 얘기하는 '좌우(左右)의 문제'가 아니라 '삶의 태도'와 관련한 문제 제기다. 한국 스포츠는 21세기에 들어 인권이나 공정과 관련된 문제에 많이 노출됐다. 기본적으로 이는 변하지 않으려는 집단과 변화해야 한다고 주장하는 집단 간의 대립이다. 두 집단은 종류를 막론하고 폭력을 바라보는 태도와 감수성에서 차이가 나는데 이는 각자의 인성이나 감성, 지력의 차이라기보다는 교육받아 온 환경과 경험이 다르기 때문이다. 스포츠 인권 문제를 해결하기 위해서는 올바른 제도의 구축, 지속적인 점검과 활발한 내부 토의, 강력하고 효과적인 징계와 처벌, 바람직한 사례의 전파 등 다각적인 방안이 중요하다고 생각한다.

02는 한국과 북한, 미국과 중국의 정치 지도자들이 좀 더 열린 마음으로, 더욱 적극적으로 스포츠를 대했으면 하는 바람에서 해본 이러저런 상상과 제안이다. 물론 정치 지도자들이 실현한 저자의 제안은 단 하나도 없다! 정치와 스포츠가 적극적으로 연결돼 시너지를 내는 일은 언제나 정치가 손을 내밀었을 때이지 스포츠가 제안한다고 실현된 적은 없었다. 이번에도 예외는 아니었던 셈이다. '트럼프와 내기 골프에서 이기는 법'을 제목으로 쓴 글도 포함됐는데… 글쎄, 미국의 전 대통령이 골프치자고 해도 응할 마음은 없다. 그가 보여 줬던 철학이나 정책에 동의할 수 없기 때문이기도 하고 골프는 무엇보다도 동반자가 중요하기 때문이다.

03은 스포츠계에도 '스티브 잡스Steve Jobs'가 나와야 한다는 소망을 담았다. 그가 살아 있을 때 만나 볼 일도 없었고, 개인의 업적에 대해 진지하게 연구한 적도 없다. 다만 그가 '게임 체인저'로 판을 바꿨고, 과거에 없던 소비 행태를 창출해 냈으며, 시장을 주도한 끝에 막대한 부를 일궈냈다는 것은 알고 있다. 그와 같이 스포츠를 이해하는 누군가가 벼락처럼 나타나 새로운 인기 스포츠를 발명(!)해, 과거에 없던 스포츠 소비시장을 만들고 새로운 비즈니스판을 벌이는 꿈을 꾼다. 단순히 꿈에 그쳐서도 안 된다. 젊은이들의 '괴랄한(괴상발랄한)' 정신이 익스트림extreme 스포츠를 만들었고, 이것이 용품과 의류 시장을 형성했으며 결국 그들만의 진취적인 문화를 만들어 내지 않았던가. 태초에 스포츠는 없었고 다만 만들어졌을 뿐이다.

머리말

지금 스포츠는 역사상 가장 큰 도약을 이룰 수 있는 절호의 기회를 맞이했다고 봐야 한다. 스포츠는 과학과 만남으로써 이전에 볼 수 없었던 신세계로 나갈 수 있는 급물살에 올라탔다. 04에서는 정보통신기술ICT과 스포츠가 만날 때 펼쳐질 수 있는 내용을 들여다봤다. 미래의 스포츠는 빅 데이터를 활용할 때, 인공지능과 함께할 때, 사물인터넷의 도움을 받을 때, 가상현실 속에서 새롭게 태어날 때 상상할 수도 없었던 모습을 드러낼 것이다. 그것이 스포츠 ICT가 그려낼 미래다.

05에서는 스포츠만이 줄 수 있는 독특하면서도 떨림이 있는 원초적 힘에 대한 개인적인 경험을 풀었다. 아마도 진정한 스포츠 팬이라면 '네 인생의 경기가 무엇이더냐?'는 질문에 밤새워 얘기할 수 있을 것이다. 그것은 꼭 국가대표의 경기나, 스타의 전성기 시절 경기만은 아니리라. 땡볕이 내리쬐던 중학교 교정에서 벌어진 고등학교 형들의 농구경기일 수도 있고, 친구와 빗속에서 함께한 축구일 수도 있다. 스포츠가 내 마음속에 전해 준 울림은 충분히 나눌 만한 가치가 있는 경험이다.

스포츠와 떼려야 뗄 수 없는 관계에 있는 것은 미디어다. 06에서는 스포츠를 보도하는 미디어에 대해 얘기하고자 했다. 스포츠와 미디어는 공생관계symbiosis다. 특히 이 같은 역할은 올림픽이나 월드컵 같은 메가 스포츠 이벤트에서 더욱 두드러지게 나타난다.

미디어는 스포츠를, 그리고 스포츠는 미디어를 서로 이해하고 활용해야만 한다.

07에서는 서울과 평양에서 열릴 수 있는 공동 올림픽의 당위성과 그에 대한 희망을 담았다. 한국은 동·하계 올림픽과 월드컵, 세계육상선수권대회는 물론 세계수영선수권대회까지 전 세계를 대상으로 치러지는 4대 메이저 스포츠 행사를 모두 치른 세계 여섯 번째 국가다. 우리 국민들은 이미 거대한 스포츠 행사를 충분히 경험한 데다 막대한 비용이 드는 유치에 대해 피로감을 갖고 있는 것이 사실이다. 그러나 올림픽은 개최국이 전 세계를 대상으로 홍보와 PR을 할 수 있다는 점에서 매력적이다. 개막식과 폐회식 행사, 그리고 메시지는 주최국이 '마음껏 설득과 자랑할 수 있는 쇼타임'이다. 남과 북에서 올림픽이 열릴 수만 있다면, 그리고 그것이 남북한의 평화에 기여할 수 있다면 결코 그 기회를 놓쳐서는 안 된다.

그동안 올림픽에는 관중과 취재기자로 참가했지만 평창 동계올림픽에는 자원봉사자로 참여했다. 당시 조직위원회는 자체적으로 자원봉사자들의 활동을 취재해 일반인이 아닌 봉사자들을 대상으로 보도할 취재팀을 꾸렸는데 편집국장 자격으로 합류했다. 올림픽을 경기 이외의 관점에서 바라볼 수 있었던 것도 좋았고, 자원봉사라는 측면에서 경험한 것이 매우 색다르게 다가왔다.

어쩌면 08의 내용을 읽으시는 분 중에 자원봉사를 했기 때문에 글 내용에 '급공감'하시는 분도 계시리라 기대한다.

09에서는 영웅에 대한 예우, 도핑의 유혹, 귀화와 국가대표 문제 등 여러 가지 스포츠와 관련해 생각해 볼 수 있는 문제들을 다뤘다. 어느 시대나 영웅은 필요한데 스포츠 선수는 우리 사회가 가장 쉽게 접할 수 있는 영웅이라는 점에서 그들에게 예의를 갖출 필요가 있다고 생각한다. 또 도핑은 흔히 생각하듯이 답이 정해져 있는 단순한 문제가 아니다. 누구나 선수의 윤리문제라고 손쉽게 생각할 수 있지만 결코 그렇지 않다. 스포츠는 한 개인의 범위를 벗어난 지 오래이며 막대한 돈이 오가는 비즈니스 영역이기도 하고, 때로는 국가의 음모까지도 개입된다. 개인적으로 '도핑제국주의doping imperialism'라는 점에서 이 문제를 깊숙이 천착할 계획이었는데 다소 피상적으로 접근한 아쉬움은 남는다. 또 히딩크와 박항서 감독은 평행이론으로 불러도 될 정도로 흡사한 모습을 보인다. 이 두 감독의 리더십에 대한 분석은 〈커뮤니케이션학 연구〉지에 논문으로도 실렸다.

10에서는 팬데믹 시대에 스포츠가 겪은 일과 스포츠의 미래에 대해 살펴보고자 했다. 한국스포츠정책과학원이 발간하는 〈스포츠산업 이슈페이퍼〉에 스포츠의 미래를 팬을 중심으로 놓고 생각한 내용을 기고했다. 마지막 글은 지식협동조합 좋은나라와 프레시안이 공동으로 기획한 〈이슈페이퍼〉에 발표됐다.

지금 한국 스포츠에 필요한 것은 혁명인 것 같다. 내용과 형식 모든 부분에서 근원적으로, 그래서 급진적일 수밖에 없는 변화가 필요해 보인다. 여전히 막강한 영향력을 행사하는 일부 인사들에게 짙게 배어 있는 인권과 폭력에 대한 전 근대적 인식, 과거의 성과에 도취해 타성에 젖어 가르치는 후진적인 교육 방식, 관행과 성과를 좇아 뒤로만 달려가는 스포츠 거버넌스와 낙후된 시스템. 모두 전면적으로 뜯어고쳐야 한다.

그동안 신문과 주간지, 학술지 성격의 정기간행물 등 다양한 매체에 발표한 칼럼과 연구들이 스포츠에 대한 인식과 방법, 새로운 시스템 도입을 위한 활발한 논의를 하는 데 도움이 됐으면 좋겠다. 이제는 인권과 불공정에 대한 인식 없이 마음껏 스포츠를 보고, 국민 누구나 원하는 만큼 즐길 수 있는 시대가 돼야 한다. 한 사회의 성숙과 발전 정도를 가늠할 수 있는 기준점이 스포츠이기 때문이다.

2021년 5월

유상건 드림

차 례

01 스포츠는 진보적인가 보수적인가

스포츠는 보수적일까 진보적일까. 질문을 바꿔보자. 스포츠인은 보수적일까 진보적일까. 일률적으로 말할 수야 없지만 지금의 50~60대에게는 보수적이라는 인식이 꽤나 퍼져 있는 것 같다. 술좌석에서 종종 “데모 때만 되면 체육과 학생들은 데모를 막기 위해 집합했다”는 말을 듣는다. 보수와 진보라는 개념을 사전적으로만 보자면 보수는 ‘보호하고 지킨다’는 뜻이고 진보는 ‘앞으로 나아간다’는 의미를 갖는다. 그런데 끊임없이 신기록을 향해 노력하고, 챔피언에 과감히 도전하는 스포츠인이 보수적이라고?

스포츠의 또 다른 이름은 '저항'

스포츠는 보수적일까 진보적일까. 질문을 바꿔보자. 스포츠인은 보수적일까 진보적일까. 일률적으로 말할 수야 없지만 지금의 50~60대에게는 보수적이라는 인식이 꽤나 퍼져 있는 것 같다. 술좌석에서 종종 "데모 때만 되면 체육과 학생들은 데모를 막기 위해 집합했다"는 말을 듣는다. 보수와 진보라는 개념을 사전적으로만 보자면 보수는 '보호하고 지킨다'는 뜻이고 진보는 '앞으로 나아간다'는 의미를 갖는다. 그런데 끊임없이 신기록을 향해 노력하고, 챔피언에 과감히 도전하는 스포츠인이 보수적이라고?

해외의 스포츠 선수가 인권이나 사회적 편견, 정치적 탄압에 맞서 자기 목소리를 내는 경우는 드물지 않다. 최근의 예만 봐도, 미국프로풋볼NFL 샌프란시스코 포티나이너스49ers의 쿼터백quarterback 콜린 캐퍼닉Colin Kaepernick이 있다. 그는 2016년 트럼프 행정부의 인종차별에 항의해 국가가 연주되는 동안 무릎을 꿇는 퍼포먼스를 펼쳤다. 이후 많은 선수들이 동조했고 농구 등 다른 종목 선수들도 가세했다. 물론 최고의 광고회사로 불려야 할 나이키는 그를 발 빠르게 상업적(?)으로도 이용했다. 캐퍼닉은 한때 6년간 1억 2,600만 달러짜리 계약까지 했던 대 선수였다. 그러나 선구자적 의사표시 이후 뛸 수 있는 팀을 찾지 못했다. 트럼프 대통령이 구단을 압박했다는 것이다. 그는 지금 청소년들이 외부의 억압에 저항할 수 있도록 교육하는 '당신의 권리 찾기 캠프'를 만들어 활약 중이다. 그의 '백만 달러 맹세(그가 기부한 돈은 37개 인권단체에 기부됐다)' 이후 코비 브라이언트Kobe Bryant, 세레나 윌리엄스Serena Williams, 스테픈 커리Stephen Curry 등 25명 이상의 선수가 기부 행렬에 동참했다. 그는 "다른 모든 것을 희생하더라도 지켜야 할 가치가 있다"고 말했다.

반면, 국내 스포츠인이 인권이나 성차별, 부패 등 '삶의 부조리'에 대해 제 목소리를 낸 경우는 찾기 힘든 것이 사실이다. 대선이나 총선 때 '병풍'처럼 동원된 경우는 치지도 말자. 과거에 학생 운동선수는 기계가 아닌 깨어 있는 인간이었다. 일제 시대에는 더욱 그러했다. 식민지 학생인 손기정은 베를린 올림픽 시상식에서 일장기를 월계수 나무로 가렸다. 일장기를 흐릿하게 처리한 〈조선중앙일보〉는 폐간됐고 〈동아일보〉는 무기 정간 당했다. 독립운동에도 관여했던 손기정은 이후 〈조선중앙일보〉 사장이었던 여운형의 관을 직접 메며 애도했다. 현 대한체육회의 전신인 조선체육회 정신도 그렇다. 조선체육회의 1920년 창립취지서 568자는 건강한 민족과 함께 저항을 기본 이념으로 하고 있다. 시인 조지훈은 '체육활동은 청년들의 능력 배양과 일제에 대한 저항의 표현으로 매우 중요'하다고도 말했다.

한국의 스포츠계는 2019년 쇼트트랙 국가대표 금메달리스트 선수의 폭로 이후 '미투 현상'이 폭발했다. 저항이 불가능한 감독과 선수 간의 권력 관계, 철저히 외부와 고립된 폐쇄성과 집단성 등이 대표적 원인으로 떠올랐다. 동의한다. 그리고 그 기원은 아마도 박정희 시대로 거슬러 올라가야 할 것이다. 당시는 철저히 '정치에 의한 스포츠 이용' 시대였다. 권력은 정치적 목적을 위해 메달이라는 목표를 하달했고 그 아래의 권력은 이를 달성하기 위해 총력전을 펼쳤다. 도약하기 위해서는 오직 일사불란한 지휘체계와 상명하복의 절대 복종만이 필요했을 것이다. '앞으로 나아가기 위해 지키고 보존하는 역설'이라니. 이로 인해 형성된 문화는 배타적이고 스포츠 밖의 세계에 대해서는 눈감을 수밖에 없었다.

스포츠 미투로 촉발된 스포츠혁신위원회는 2019년 2월 출범 이후, 인권뿐 아니라 '스포츠계의 패러다임을 바꾸기 위한' 활동에 나서고 있다. 이것이 기존의 관행과 풍조와 성공 방정식까지 모두 바뀌는 계기가 되기를 바란다. 그렇게만 된다면 2019년은 올림픽이나 월드컵 같은 초대형 이벤트는 없지만, 스포츠계의 뜨거운 한 해로 기록될 수 있을지 모른다. 스포츠의 정신은 저항이다.

스포츠 먹이사슬의 음습한 욕망

도대체 스포츠 인권은 어디에 있나? 건강했던 인격체가 스스로 목숨을 끊어야 한다면 그 조직에 희망은 있는가? 반복해서 출몰하는 스포츠계 (성)폭력이라는 악의 근원은 과연 누구란 말인가? 이 악무한적 악순환의 고리는 정녕 끊어낼 수 없는가?

바닷물을 가르고, 페달을 밟은 끝에 인간 의지의 극한을 시험하는 마라톤을 뛰어야 하는 철인3종경기는 가장 강인한 체력과 인내를 요구하는 초지구력 운동이다. 스포츠가 줄 수 있는 극단의 고통을 견뎌야 하는 '지옥 같은' 운동이다. 그 고통을 묵묵히 감내하며 꿈을 키웠던 20대 초반의 '철인'이 스스로 목숨을 끊었다. 고 최숙현 선수는 철인이었지만, 그 또한 상처 받고, 아파하며, 누군가의 도움이 절실히 필요했던 젊은이였다. 스포츠계는 이미 2018년 빙상코치의 성폭력 문제로 들끓었고 국민의 지탄을 받아야 했다. 책임을 져야 할 사람들은 머리를 조아리며 인권을 약속했고 개선을 다짐했다. 그래서 무엇이 바뀌었단 말인가.

아무리 작은 현상이라도 설명할 수 있는 원인과 진단은 다양하다. 늘 그래왔듯이 이번에도 시스템과 제도를 지적하는 목소리가 높다. 맞는 말이다. 관리 체계를 구축하고 행정 절차를 강화하는 것은 여전히 필요하다. 그러나 스포츠공정위원회, 인권상담센터, 스포츠 폭력 및 성폭력 예방 가이던스, 선수지도 매뉴얼, 그리고 2020년 8월에 출범한 스포츠윤리센터 등 이름마저 비슷한 여러 조직과 장치들은 이번에도 작동하지 못했다. 제도 이전에 바뀌어야 할 것은 사람이다. 결국 사람이 문제다.

사건의 배후에 똬리를 틀고 있는 것은 스포츠 지도자의 '시대착오적 타성'과 스포츠 기득권 세력의 '음습한 욕망'이다. 스포츠 기술을 가르치는 일부에게는 성공을 보장했던 기존 방법을 답습하는 것이 가장 쉬운 일이다. 과거 독재정권 시절에 힘을 발휘했던 바로 그 방법들 말이다. 체벌과 위협과 공포는 '결과가 좋으면 모든 것이 용서된다'는 군사정권 문화에서 독려됐다. 시대에 뒤떨어진 강압적 방법의 근원을 파고들면 수탈과 착취에 기반한 일제의 잔재까지 거슬러 올라갈 것이다. 선수의 동기를 이끌어 내고 의지를 북돋우며, 과학적인 훈련 방법을 찾아내기에 그들은 너무 게으른 건가, 아니면 무능한 건가. 현장을 지키고 있는 훌륭한 지도자를 많이 알고 있다. 이번 사건과 관련된 사람들은 동료에게 미안하지 않은지 묻고 싶다.

스포츠를 둘러싼 먹이사슬의 정점에 선 인물들의 사적 욕망도 한 축이다. 이들이 개인적인 이익만을 위해 선수들을 도구화하지 않았다고 말할 수 있을까. 인격을 가진 주체가 아닌 대상으로만 선수를 대함으로써, 자신들조차 길을 잃고 말았다. 선수들에게 강요된 성과로 지도자들은 연봉과 지위를 보장받았고, 이들 위에 군림하는 이들은 짐짓 모른 척, '전통과 관행'이라는 이름 뒤에 숨어 단물을 빨아먹어 왔다.

고 최숙현 선수는 경찰은 물론 경북체육회, 대한체육회, 대한철인3종경기협회, 국가인권위원회의 문을 차례로 두드렸지만 모두로부터 외면받았다. '사회적 타살'이다. 정부를 비롯한 누구도 책임에서 자유롭지 않다. 우리는 '먹이사슬의 일부만을 위한 메달'을 원하지 않는다. 모두가 기쁘게 받아들일 수 있는 '선수들의 분투'를 원한다. 그것을 만드는 것은 스포츠 최일선에 있는 지도자와 행정가들의 일이다. 스포츠로 살아왔던 사람들의 '비 스포츠적' 행태에 우리는 분노한다. 고통스럽고 살을 저미는 반성을 맹렬히 촉구한다. 당신들은 더 이상 스포츠인이라 불릴 자격이 없다.

심석희 선수에게 스포츠 인권상을 수여하라

얼마 전 평생을 노동 운동에 투신한 선배의 정년 퇴임 축하 모임에 다녀왔다. 모처럼 만나 이야기꽃을 피운 조촐한 자리였는데 불콰해진 선배의 40년도 훨씬 더 전에 벌어진 대학 시절 폭력에 대한 이야기를 듣고 깜짝 놀랐다. 소위 '빠따(몽둥이)'가 있던 시절이었는데 당시에 경험한 폭력의 공포가 여전히 트라우마로 남아 있다고 털어놨다. 세상에! 노동자로 살면서 4번이나 구속당했고 강철같이 살아온 남자의 머릿속에 아직도 청년 시절에 겪은 폭력이 고통으로 남아 있다니… 최초로 경험한 폭력이 얼마나 집요하고 고통스럽게 화인처럼 남아 있는지 보면서 최근 스포츠계에서 일고 있는 미투 운동을 생각했다. (성)폭력 문제는 빙상과 유도, 테니스, 태권도, 체조 등 전 방위에 걸쳐 나타나고 있다. 피해자 대부분이 자신을 제대로 방어할 수 없는 미성년자였기에 우리로서는 그들이 느꼈던 고통과 치욕과 불안은 가늠하기조차 어렵다. 문재인 대통령까지 나설 만큼 전 국민적 관심과 우려를 사고 있는데 과연 문제의 원인은 무엇이고, 어떻게 고칠 수 있을 것인가.

그동안 많은 진단과 처방이 나왔다. 그중에는 스포츠계의 폐쇄적인 문화와 도제식 제도를 지적하는 목소리가 높다. 폐쇄적인 문화는 전문가 집단에서 늘 일어나는 문제다. 법조인이든 의료인이든 일반인들이 잘 모르는 분야는 늘 타인을 배제하기 마련이다. 특정 종목의 기술을 가르치는 것은 대단히 전문적인 일이기 때문에 그들만의 세계가 존재할 수밖에 없다. 또 도제식 교육이라는 것은 상당히 효과적인 교육 방법이다. 스승이 가진 모든 지혜와 지식을 넘어 품성까지 전달할 수 있기 때문이다. 지금 벌어지고 있는 문제의 근본 원인은 지도자들의 인권에 대한 인식이 결여됐기 때문이라 봐야 한다. 인권 감수성이 낮거나 아예 없었기 때문에 아무렇지도 않게 '성적(成績)과 기록'이라는 미명하에 비인간적인 행위를 할 수 있었다. 가르치는 선수 이전에 한 명의 인간이라는 인식이 없었고, 목표를 향해 함께 가는 동반자가 아니라 수단이라고만 여겼다. 따라서 이에 대한 근원적 인식 제고가 필요하고 전면적 교육이 필요하다. 어떤 이들은 '처벌만이 능사냐'고 하는데 이 경우에는 '철저한 조사와 처벌'이 능사다. 세리(稅吏)처럼 빈틈없이 조사해 가을의 찬 서리 같은 처벌을 내려야 한다. 그리고 반복적이고 집요하게 스포츠 인권 교육을 해야 한다. 지도자들의 무의식 속에서 자동으로 반응이 나온다면 문제의 많은 부분이 해결될 것이다.

여성가족부와 문화체육관광부 등 관계부처는 2월 중(2019년 당시)으로 '체육 분야 성폭력 등 인권 침해 근절을 위한 대책'을 내놓기로 했다. 좋은 대책 여부를 판단하기 위해서는 두 가지를 고려할 수 있다. 첫째, 피해자들이 신분 노출이나 2차 피해에 대한 염려를 하지 않고 신고할 수 있어야 한다. 그래야 그동안 어둠 속에 감춰졌던 일들이 낱낱이 드러날 것이다. 둘째, 반드시 가해자들이 합당한 처벌을 받을 수 있도록 제도적으로 보장돼야 한다. 그래야 운동장과 코트 안팎에서 피해자와 마주치는 일이 없을 것이다.

2019년 1월 8일은 앞으로 한국의 스포츠계가 기억해야 할 날이 될 것이다. 이제 어느 부모가 자녀를 운동선수로 키우고 싶겠는가? 인류는 1948년 세계인권선언을 발표했다. 심석희 선수는 개인적으로 엄청난 고통과 피해를 감수하고 용감하게 나섰다. 스포츠가 새롭게 태어날 수 있는 기회를 우리 모두에게 제공한 셈이다. 스포츠 인권상을 만들어 그녀를 첫 번째 수상자로 선정하자. 그리고 매년 그의 용기를 잊지 말고 우리를 돌아볼 기회를 갖자. 그래야 앞으로 우리 모두가 마음의 가책이나 거리낌 없이 스포츠 선수들의 플레이를 즐기고 그들에게 마음껏 박수를 보낼 수 있을 것이다.

엘리트 스포츠 새로운 코칭기법이 대안

문재인 대통령은 최근 '체육계의 성적 지상주의, 엘리트 체육 육성 방식에 대한 전면적인 재검토와 개선'이 필요하다고 말했다. 늘 그래왔듯이 관련 부처와 기관들은 부산스럽게 움직일 것이고 곧 개선책이 발표될 것이다(대한체육회의 쇄신책은 이를 전혀 반영하지 못했다!). 가슴 아픈 일이지만 '미투'로 인해 스포츠계가 한발 더 앞으로 나가는 계기가 될 것으로 기대한다.

확실히 이번 대통령의 주문(?)은 사안의 본질을 꿰뚫은 면이 있다. 그동안 대한체육회를 중심으로 스포츠계에 쌓여 왔던 오랜 폐단들의 출발점은 엘리트 선수 육성 시스템과 성과주의에 기인하기 때문이다. '선택과 집중'을 근간으로 하는 현 제도는 박정희 시대에서 적극적으로 실천됐다. 국가대표의 요람으로 불리는 태릉선수촌은 1966년 건립됐다. 스포츠를 통한 국위 선양과 국민통합을 내걸었다. 실제로는 스포츠를 활용한 정권의 목적 달성이라는, 소위 스포츠의 정치화로 보는 것이 맞다. 정치는 성적을 올리는 스포츠 지도자에게 '당근'을 줘 왔고, 지도자들은 선수를 향해 '채찍'을 휘둘렀다. 영화배우 최민식은 영화 〈넘버 3〉에서 "죄(여기서는 엘리트 선수 육성 시스템)가 무슨 죄가 있어? 죄를 저지르는 놈들이 나쁜 거지"라고 깡패에게 일갈했다. 하지만 역사적 시작점이나 인권과 자율을 요구하는 스포츠계 안팎의 강력한 목소리를 생각할 때 현재의 시스템을 바꿀 시점인 것은 확실하다. 문제는 무엇을 어떻게 바꿀 것인가이다.

청와대 국민청원 게시판에는 '조재범 코치를 강력 처벌해주세요'라는 청원이 최다 추천을 받았다. 아예 '선수촌을 없애자'는 청원도 등장했다. 상당수의 (성)폭력이 발생한 장소로 선수촌이 지목됐기 때문이다. 근거를 없애 문제를 해결하자는 방식이다. 그러나 엘리트 스포츠 자체를 아예 부정할 수가 있을까? 일부 스포츠 지도자나 엘리트 체육 관계자는 "현 시스템이 무너지면 국제대회에서의 저조한 메달 성적이 불을 보듯 뻔하다"고 한다. 다시 영화 대사를 예로 들자면 〈베테랑〉의 유아인이 "뒷감당할 수 있겠어요?"라고 말하는 것과 같다. 이거야말로 겁박이다. 그러나 스포츠만이 우리에게 줄 수 있는 기쁨이 있기에 무시만 할 수 없는 것도 사실이다. 지난 월드컵 독일 전에서 승리한 날, 우리 국민은 남북한 정상 회담 때보다 더 행복했다는 데이터 분석가의 진단이 있었다. 세상에나! 아무리 스포츠가 힘이 세다지만 당황스럽기까지 하다. 일본과 영국은 스포츠 정책 방향을 바꿔 본격적으로 선수 육성에 나서며 지난 올림픽에서 짭짤한 성과를 올렸다. 아마도 양국의 국민 모두 행복했을 것이다.

다시 처음의 문제로 돌아가 보자. 우리를 대표하는 선수가 외국에서 우승한다면 우리는 행복할까? 당연히 그럴 것이다. 번번이 진다면? 물어보나마나다. 스포츠와 팬의 관계를 설명하는 고전적인 이론 중에는 응원하는 팀이 이기면 사람들은 '우리'라는 단어를 사용하고 반대의 경우에는 '저들'이라는 단어를 사용한다고 한다. 우리의 상식에 부합하는데 최근에는 패배했더라도 그 과정을 중요시한다는 연구 결과도 있다. 생각만큼 단순한 것은 아닌데 어쨌든 국제 무대에서의 성공은 애국심이든, 국가주의든, 아니면 개인적 성취에 대한 응원이든 우리를 만족시킨다는 사실이다. 이를 부정하는 것은 자기모순이다. 이번에 드러난 문제를 해결해야 하는데 그동안 갈라파고스 같은 섬에 고립돼 '그들만의 잔치'를 벌여 왔던 조직이 해결할 수 있을까? 빈곤한 철학과 빈약한 의지로 '카피 앤 페이스트Copy & Paste'식 대책으로만 일관해 왔는데… 문제를 해결할 결연한 의지가 없다면 물러나 다른 이에게 해결을 맡기는 것이 맞다. 그리고 해결을 시행하는 과정에서는 지도자들에 대한 교육이 필요해 보인다. 의과대와 경영대에서는 윤리 교육이 절대적으로 필요하다. 사회에 미칠 영향력 때문인데 이제 스포츠도 많은 사람의 관심을 받고 있고 청소년들에게 끼치는 영향력도 크므로 철저한 윤리 교육이 필요하다. 더불어 '70년대 훈육'을 답습할 수밖에 없는 지도자들에게는 새로운 코칭 기법 등을 제공해야 한다. 배운 만큼 가르치고 아는 만큼 실천하기 때문이다. 또 일상에서 스포츠를 즐길 수 있는 기반을 갖춰야 한다. 학생은 클럽에서 스포츠를 배우고 성인은 생활 공간에서 스포츠를 즐기다 보면 '특정인들이 특정 공간에서 스포츠를 하는 시스템'을 바꿀 수 있을 것이다. 우리는 이제 무슨 일이 벌어지든 "감당할 수 있다"고 말할 준비가 돼 있을지 모른다. 앞으로는 양심의 가책 없이 스포츠를 마음 놓고 마음껏 즐길 수 있는 세상에 살고 싶다.

트럼프, 시진핑 그리고 문재인… 스포츠와 정치가 만날 때 02

도널드 트럼프Donald Trump 미국 대통령은 유명한 골프광이다. 대통령 취임 후 각국의 정상은 물론 유명 프로골퍼들과 라운드를 가지며 가장 많이 골프를 친 대통령이라는 기록을 쓰고 있다. 김정은 북한 노동당 위원장은 잘 알려진 농구광이다. 김 위원장은 '좌충우돌'의 대명사인 『슬램덩크』의 주인공 강백호의 실제 모델, 데니스 로드맨Dennis Rodman과 각별한 사이이다. 시카고 불스Chicago Bulls 시절 마이클 조던Michael Jordan과 함께 세 차례나 NBA 정상에 오른 로드맨은 각종 기행과 파격으로 유명하지만 농구에서만큼은 누구보다도 진지했던 선수다. 김 위원장과 로드맨은 한자리에 앉아 함께 농구경기를 관람하기도 했다. 자, 5월에 골프광과 농구광이 한자리에 만나 회의를 한다면?

'올림픽 공동 개최'를 꿈꾸며…
남북대화, 스포츠가 먼저

북미정상회담이 예정대로 열리고 바라는 대로 회담이 진행된다면 남북 관계는 긍정적인 방향으로 더욱 급물살을 탈 것이다. 화합과 교류의 움직임은 빠르게 평화를 향해 나아갈 것이다. 여전히 예측이 어렵고 섣부른 희망은 자제할 필요가 있지만 스포츠 교류를 통해 접점을 넓혀 나가야 한다. 그런 점에서 세 가지 방향을 제시하고자 한다.

첫째, 남북 올림픽 공동 개최를 추진하자. 향후 하계 올림픽은 2020년 동경 올림픽[1)]을 필두로 2024년 프랑스 파리에서 열릴 예정이다. 이어 2028년에는 미국 LA에서 개최된다. 남과 북이 서로의 체제를 인정한 상태에서 활발히 그리고 지속적으로 우호적인 관계를 맺는다면 2032년 남북 올림픽 공동 개최를 목표로 만나 대화할 필요가 있다. 통일이라는 대 과업이 달성돼 '하나의 조국'

1) 코로나바이러스로 인해 연기됐다.

이 이뤄진다면 서울과 평양의 분산 개최도 좋다. 역사적으로 올림픽은 언제나 일부의 특정 집단이 정치적인 목적으로 기획하고 추진해 왔지만 이번에는 남과 북의 온 국민이 주체가 돼 진행될 수 있다는 점에서 다르다. 전 세계 또한 축복의 시선과 응원의 목소리로 우리를 지원할 것이다. 올림픽을 통한 평화의 달성이라는 명제를 달성하는 데 한반도만큼 적합한 곳은 없기 때문이다.

둘째, 동계 올림픽을 한국에서 영구 개최하는 방안을 추진하는 것도 좋다. 동계 올림픽 개최는 자칫 '하얀 코끼리white elephant'가 될 수 있다는 인식이 넓게 퍼지며 개최를 꺼리는 분위기다. 노르웨이의 오슬로와 미국의 보스턴이 그 한 예다. 베이징에서 열릴 2022년 동계 올림픽 유치전에 뛰어들었던 7개 도시 중 끝까지 경쟁했던 나라는 단 두 나라에 불과했다. 또 전 세계적으로 동계 올림픽을 개최할 수 있는 곳은 많지 않다. 올림픽을 영구적으로 특정한 나라에서 개최하자는 주장은 뜬금없는 소리가 아니다. 심지어 〈뉴욕타임즈〉의 한 칼럼니스트는 리우데자네이루 올림픽이 끝난 후 캐나다를 동·하계 올림픽의 영구 개최지로 제안한 바 있다. 이에 앞서 '아테네 고정 개최론'도 있었고 '올림픽 섬'을 건설해 그곳에서 고정적으로 개최할 것을 제안하는 파격적인 안도 있었다. 평창 동계 올림픽이 끝난 후 실시된 여론조사에서는 국민의 84%가 성공적인 개최였다고 판단했다. 한국관광통계에 따르면 평창 동계 올림픽이 열렸던 2월에 한국을 방문한 외국인 관광객은 104만 명이 넘었다. 이들의 만족도는 96%를 넘어선 것으로 나타났다. 이들 중 87%가 넘는 응답자는 올림픽 개최 때문에 한국행을 결정했다고 한다. 평균적으로 6.5일 동안 머물면서 2,026달러를 소비했다. 우리는 이미 평창을 통해 세계에 큰 선물을 안겼다. 남북이 개최하는 동계 올림픽의 영구 개최 안에 대해 세계는 물론 국제올림픽위원회IOC도 진지하게 검토할 분위기는 형성됐다고 판단된다.

마지막으로 올림픽 이외에도 남한과 북한은 보다 더 활발히 스포츠 교류를 해야 한다. 문재인 대통령과 김정은 위원장은 '4 · 27 판문점 선언'에서 "민족적 화해와 단합의 분위기를 고조시켜 나가기 위하여 각계각층의 다방면적인 협력과 교류 왕래와 접촉을 활성화한다"고 발표했다. 선언은 행동이 따르지 않으면 언제나 선언에서 그치게 마련이다. 서울시는 100주년을 맞는 내년(2019년) 전국체전을 평양과 공동 개최하자고 제안했다. 좋은 아이디어다. 이제는 빛이 바랬지만 전국체전은 한국의 대표적인 스포츠 축제였다. 일제가 강점하던 1920년 창설된 조선체육회는 우리 민족의 단합과 힘을 과시하기 위해 체육을 활용했다. 경평 축구 등의 역사도 있고 농구 교류를 하자는 김정은 위원장의 뜻도 이미 전해졌다. 비무장지대DMZ에 건설된 체육시설에서 남과 북 대표선수는 물론 평범한 국민들이 자연스럽게 모여 힘과 지혜를 겨룬다면 이 얼마나 근사한 일인가.

야구광 · 골프광 · 농구광이 제주에서 만난다면?

2017년 6월 북한의 장웅 국제올림픽위원회IOC 위원은 "정치가 스포츠 위에 있다"고 한국 기자들에게 쏘아붙였다. 그 후 핵을 둘러싼 '살벌한' 대화가 북미 간에 오가며 전쟁의 공포가 한반도에 짙게 드리워졌다. 그로부터 채 10개월이 지나지 않은 지금, 우리는 평창 동계 올림픽을 통해 스포츠가 정치적 타협과 평화를 위한 논의를 진척시키는 데 얼마나 많은 일을 할 수 있는지 확인할 수 있었다. 정치와 스포츠 중 무엇이 더 중요한지 상하관계를 정하는 것이 문제가 아니라 각 영역이 갖고 있는 고유의 역할과 가능성을 극대화하는 것이 중요하다는 점을 새삼 깨닫게 됐다.

앞으로 한국의 미래를 결정할 두 차례 중대한 회담이 우리 앞에 기다리고 있다. 바로 4월 말에 열릴 남북정상회담과 5월로 예정된 북미정상회담이다. 두 회담 모두 무수히 많은 난관과 예상치 못할 변수가 도사리고 있어 기대와 걱정이 교차하는 것이 사실이다. 특히 북미회담과 관련해서는 개최 장소부터 의제까지, 물밑에서 치밀한 논의가 진행되고 있겠지만, 일반 국민은 구체적인 내용을 전혀 알 수가 없어 답답하다. 이런 상상은 어떨까.

도널드 트럼프Donald Trump 미국 대통령은 유명한 골프광이다. 대통령 취임 후 각국의 정상은 물론 유명 프로골퍼들과 라운드를 가지며 가장 많이 골프를 친 대통령이라는 기록을 쓰고 있다. 김정은 북한 노동당 위원장은 잘 알려진 농구광이다. 김 위원장은 '좌충우돌'의 대명사인 『슬램덩크』의 주인공 강백호의 실제 모델, 데니스 로드맨Dennis Rodman과 각별한 사이다. 시카고 불스Chicago Bulls 시절 마이클 조던Michael Jordan과 함께 세 차례나 NBA 정상에 오른 로드맨은 각종 기행과 파격으로 유명하지만 농구에서만큼은 누구보다도 진지했던 선수다. 김 위원장과 로드맨은 한자리에 앉아 함께 농구경기를 관람하기도 했다. 자, 5월에 골프광과 농구광이 한자리에 만나 회의를 한다면?

미디어 스포츠Media Sports 학자들은 기질disposition에 따라, 즉 개인의 정서적 성향에 따라 좋아하는 스포츠가 다르다고 한다. 다시 말해 "좋아하는 스포츠를 말하면 네가 누구인지 말해주겠다"가 가능하다는 얘기다. 골프를 좋아하는 사람과 농구를 좋아하는 사람의 성향이 다를 가능성이 많다는 뜻이다. 흔히 골프는 자기와의 싸움이라고 표현된다. 골프라는 게임에서 승리하기 위해서는 자신의 경기에만 몰두하는 것이 가장 좋다는 뜻이다. 농구는 어떤가. 점수를 많이 내야 이기는 농구는 거친 파울도 필요하고 골밑을 향한 저돌적인 돌파도 중요하다. 그렇다면 골프광과 농구광이 만난다면 한쪽에서는 자기 말만 늘어놓고 다른 한쪽에서는 막무가내로 자기주장만 되풀이한다고 예상할 수 있을까. 물론 정상들이 만나 그럴 리는 없겠지만 말이다.

문재인 대통령은 야구 명문 경남고 출신이다. 고등학교 1학년 때 화랑대기 우승의 기쁨을 맛봤고 재학시절 앞뒤로 황금사자기 우승과 청룡기 준우승이라는 찬란한 야구 역사를 몸으로 느낀 바 있다. 야구부가 있는 고등학교의 졸업생은 대부분이 야구팬이다. 지난해 한국시리즈 시구 때 보여 준 문대통령의 투구 폼은 야구에 대한 높은 소양을 보여 준다(물론 포수를 향해 던진 공이 채 홈플레이트를 통과하지 못하고 땅에 떨어졌지만!). 야구는 대표적인 작전의 게임이다. 타자와 투수는 플레이하면서도 다음 동작을 하기까지 많은 생각을 하며 감독은 쉬지 않고 작전 지시를 내린다. 야구인은 끊임없는 상황의 변화 속에서 목표를 향해 전술을 구사하는 데 익숙하다.

한때 북미회담이 열릴 수 있는 장소로 스웨덴, 스위스, 중국, 몽골 등 무려 9곳이 넘는 곳이 등장했다. 바라건대 회담 장소는 제주도가 됐으면 좋겠다. 더 나아가 양국이 아닌 남 · 북 · 미 정상이 만나 야구의 능수능란한 작전의 묘미와 골프의 인내, 농구의 화끈함을 보여주면 더 바랄 것이 없겠다.

트럼프와 내기 골프에서 이기는 법

미국이 2003년 이라크 공습 때 사용한 작전명이 '충격과 공포'였다. '트럼프 시대'가 선언되자 세계인 대다수는 충격에 빠졌고 아마도 일부는 공포마저 느꼈을 것 같다. 그에 대해 막연히 두려움을 가졌던 대부분은 원하지 않는 반전 드라마가 잇달아 펼쳐져 당황했다. 여기저기서 진단과 전망이 쏟아져 나왔는데 언제나 그렇듯 그중에 일부는 맞고 일부는 틀렸다. 개인적으로 가장 형편없는 진단 중 하나는 "트럼프 시대는 '아메리카 퍼스트'가 특징"이라는 주장이다. 세상에 어느 미국 대통령이 자국의 이익을 맨 앞에 내세우지 않았을까. 너무나 당연한 말을 진단이라고 밝히는 대신, 국익 달성을 위한 트럼프의 수단과 방법이 이전 정부와 비교해 어떻게 달라질지 예측해야지 엉뚱한 곳을 긁어대고 있으니 실소가 나올 수밖에 없다. 지나치게 '희망에 기초한' 전망도 있었다. "트럼프의 공약과 기행은 대선 전의 전략일 뿐, 취임 후에는 달라질 것"이라는 예상이 대표적이다. 사람은 (잘) 바뀌지 않을 뿐 아니라 교육의 힘은 무섭다. 트럼프는 사업가 아버지로부터 비즈니스맨으로 교육받았고 자신의 사업적 성취에 무한한 자부심을 갖고 있다. 정치인으로서의 '타협과 소통'보다는 비즈니스맨으로서 '이익과 실현'이 몸에 배어 있는 것으로 보인다. 리얼리티 쇼였지만 〈어프렌티스The Apprentice〉에서 그야말로 견습생에게 그렇게 쉽게 "넌 해고야(You're fired)"라고 말한 걸 보면 그렇다. 앞으로 한국은 정치·경제적으로 사활이 걸린 무수히 많은 쟁점을 놓고 그와 협상해야 할 것이다. 만일 트럼프와 내기 골프를 한다면 어떤 전략을 가져야 할까.

트럼프는 엄청난 골퍼다. 초호화 골프장을 17개나 갖고 있고 트럼프 팜비치 골프장의 아마추어 최저타 기록(66타) 보유자다. 1946년생이니 70살이 넘었지만 190cm가 넘는 장신에 몸무게도 110kg 가까운 거구다. 공인 핸디캡은 2.8. 타이거 우즈가 그의 드라이브샷 거리가 280야드 정도라 전했으니 285야드라는 보도가 지나친 과장은 아닐 듯싶다. 그린 주변의 실력도 쓸 만하다고 한다. 띄우기보다는 주로 굴리는 실속파다. 거기다 "퍼팅 실력이 좋다"고 자화자찬할 정도니… 퍼팅할 때 손목을 많이 쓰는 스타일은 들쭉날쭉한 결과가 많은데 대놓고 자랑하는 것은, 어쩌면 심리적 요소가 절대적인 퍼팅의 비밀을 알고 스스로에게 주문을 거는 건지도 모르겠다. 내기 장소는 트럼프 내셔널 골프 클럽 주피터Trump National Golf Club, Jupiter가 될 확률이 높다. 며칠 전 한 일본인과 그곳에서 어니 엘스Ernie Els까지 대동한 채 연습 라운드까지 했으니 말이다.

내기 상대를 판단할 때는 실력과 함께 매너가 중요하다. 그는 과연 신뢰할 만한 골퍼인가. 모름지기 골퍼라면 거짓말을 하지 말아야 한다(골프를 치기 위해 아내에게 하는 거짓말은 예외로 하자). 그런데 트럼프는 '알까기'와 '멀리건mulligan'을 활용한다는 얘기가 들린다. 그러나 직접 당해 보지 않은 바에야 알 수 없는 일이다. 더군다나 "당신은 거짓말쟁이 골퍼"라고 면전에서 비난하자니 '국가에 불이익이 올지도 모른다'는 생각에 불안하다. 그러나 한 골프 토크쇼에서 그가 한 말은 어쩌면 믿을 수 없는 골퍼일지도 모른다는 생각에 힘을 더해 준다. 〈페허티 쇼Feherty Show〉에서 이민자 후손인 데이비드 페허티David Feherty는 "모든 이민자는 미국의 일부분이 돼야 한다"고 루즈벨트를 인용했다. 트럼프는 "아주 좋은 말"이라며 맞장구쳤다. 또 "가르쳐 줘서 고맙고 다음 연설 때 써먹어야겠다"고 분명히 말했다. 그런데 대통령에 당선되자마자 그가 한 첫 번째 일은 반이민 행정명령에 서명한 일이었다.

감시surveillance는 일반적으로 위로부터 시행되지만 수베일런스sousveillance는 아래로부터의 감시를 의미한다. 권력자가 카메라를 통해 우리를 감시했다면 이제는 개인 디바이스를 이용해 현장에서 기록하고 이를 통해 위를 견제하는 행위다. 속임수를 쓸 수 있는 골퍼와의 내기 골프라면 스마트폰으로 무장한 친구들을 갤러리로 동반해야 한다.

"예측하기 어렵다"는 평가를 받는 비즈니스의 달인과 마주한 우리나라에게 앞으로 필요한 전략은 무엇일까. 논리와 원칙? 담대한 용기? 무엇이 됐든 그 어느 때보다도 '갤러리'가 절실해 보인다.

월드컵 참가국 확대… 시진핑의 꿈★은 이루어질까

두 개의 축구 관련 뉴스가 눈길을 끌었다.

하나는 영국 프리미어리그EPL의 아스널Arsenal 선수가 연초에 성공시킨 전갈 슛이다. 전갈 슛은 등 뒤로 떨어지는 공을 마치 전갈이 공격하는 것처럼 뒤꿈치를 들어 슛을 하는 동작인데 한 시즌에 한두 번 나올까 말까 한 희소성을 갖고 있다. 우리의 K리그에서도 성공한 적이 있는데 선수의 창의성이 눈에 띄는 기술이다. 손에 비해 감각이 떨어질 수밖에 없는 발을 사용하는 축구는 사실 꽤나 창조적이다. 발만 보더라도 안쪽과 바깥쪽, 발등과 발끝을 이용하는 것은 물론 발바닥으로도 볼을 통제하고 심지어 등을 이용해 패스하는 등 선수들의 상상력은 끝이 없다. 소위 활용 가능한 모든 자원의 극대화란 측면에서 기업인들이 배울 점이 많다. 축구의 종주국은 영국으로 알려져 있지만 흥미롭게도 기술 발전은 식민지 경험을 가진 남미에서 주로 이뤄졌다. 혁신은 주변부에서 자주 일어나기 마련이다. 남미는 '축구 변방'이었는데 1800년대 브라질로부터 커피를, 아르헨티나로부터는 고기를, 심지어 페루에서는 비료로 쓸 바닷새의 배설물 덩어리를 구하려던 영국인들로부터 축구를 배웠다. 이후 노동자들에게 선풍적인 인기를 끌었다(물론 스포츠는 노동계급만을 위한 것은 아니지만 노동계급을 효과적으로 통제하는 데는 확실히 편리한 점이 있다). 남미인들이 발전시킨 대표적인 기술 중 하나는 바이시클 킥bicycle kick, 시저스 킥scissors kick으로도 불리는 오버헤드 킥overhead kick이다. 스코틀랜드의 지루한 패스게임이나 체력으로 밀어붙이는 영국식 축구에 만족하기에는 몸은 뜨거웠고 정신은 자유로웠던 것 같다. '듣도 보도 못한' 이 슛이 처음 등장한 때는 19세기 말로 아프리카에서 온 노예 출신의 페루인이 영국 선원들과의 시합에서 선보인 것으로 전해진다. 공식적으로는 1910년대 칠레의 축구선수가 선보인 것으로 기록돼 있는데 남미 전역으로 퍼져나간 이 기술을 펠레Pele가 유럽에서 성공시켰을 때 유럽인은 충격에 빠졌다.

또 하나의 뉴스는 국제축구연맹FIFA이 2026년 월드컵부터 참가국을 현행 32개국에서 12개국이 늘어난 48개국으로 확대한다는 뉴스였다. 결정에 앞서 FIFA는 경기의 질, 축구 발전, 인프라, 재정, 미디어 보도 등 다양한 측면을 고려했다. 그러나 FIFA의 시나리오는 결론이 뻔한 드라마다(참가국이 늘어나면 10억 달러의 수입 증대가 예상된다). 특히 중국을 염두에 둔 포석이라는 느낌을 지울 수 없다. 그동안 지속적으로 추진해 왔기 때문에 창의적인 플레이도 아니다. 지금과 마찬가지로 경기가 32일 동안만 열린다 해도 선수 혹사가 예상되고 무엇보다도 경기 수준의 저하가 불을 보듯 뻔하다. 특히 아시아에서 세계 랭킹이 가장 높은 이란이나 중국, 북한이 월드컵에서 보여준 무기력한 경기의 재현이 또 한 번 아시아인의 자괴감을 불러일으킬지 모른다.

2016년 발표된 FIFA 2.0에 담긴 비전은 '축구를 진흥하고, 축구의 본질을 지키며, 모든 사람이 축구를 즐길 수 있도록 하는 것'이다. 이를 위해 투명성과 책임감을 갖고 협조하며 아무도 소외시키지 않겠다는 원칙을 천명했다. 그러나 '축구공은 결코 둥글지도 평평하지도 않다'. 어느 나라에게나 똑같은 가능성이 주어지지도 않으며 모두 팀이 공평한 조건에서 경기를 시작하는 것도 아니다. 그렇기 때문에 FIFA는 늘어난 수입을 아시아나 아프리카의 축구 인프라 구축을 위해 지원해야 하고 여성 축구의 저변을 넓히는 데 관심을 돌려야 한다. 또 더 공정한 경기를 위해 기술 발전을 어떻게 활용할 것인지 연구해야 하고 무엇보다 투명한 기구를 만드는 데 자원을 투입해야 한다. 어쨌든 만장일치로 통과된 이번 결정의 궁극적인 승자는 중국의 시진핑 국가주석일지 모른다. 중국은 스포츠 산업을 2025년까지 930조 원으로 키우고 축구 산업 또한 370조 원대로 끌어올리고자 한다. 축구선수만 5천만 명을 육성해 월드컵을 유치하고 2050년까지 축구 세계 최강을 꿈꾼다. '축구 굴기(倔起)'라는 꿈을 가지고 있는 한 중국인의 꿈이 실현되려면 국가대표팀이 월드컵에 자주 나가야 한다. 비록 중국은 2018년 월드컵 아시아 최종예선에서 현재까지 단 1승도 못 올렸지만 이는 그 신호탄으로 보인다.

03 스포츠계의 '스티브 잡스'를 찾아서

한국 사회에서 스포츠는 점점 '괴물'이 돼 가고 있다. 이 괴물을 잘만 처리하면 공주도 구하고 왕궁(?)까지 덤으로 얻을 수 있지만 제대로 대처하지 못하면 두고두고 마을의 골칫덩이가 될 수 있다. 해법을 찾기 위해서는 세 가지 키워드를 이해해야 한다. 그것은 **드라마**와 **비즈니스**, **거버넌스**다.

새로운 스포츠로 '산업 빅뱅' 만들자

태초에 스포츠는 없었고 스포츠 산업도 존재하지 않았다. 그러나 우연한 계기였든 어느 누군가의 번뜩이는 아이디어였든 스포츠는 언젠가 '창조'됐고 사람들이 즐기면서 이제는 거대한 산업이 됐다. 〈스포츠 비즈니스 저널Sports Business Journal〉의 2007년도 자료에 따르면 미국의 스포츠 산업은 영화 산업보다 7배 크고 자동차 산업의 두 배를 자랑한다. 미국 내 10대 산업으로 알려져 있지만 학자에 따라서는 5위 규모인 것으로 추산하고 있다. 확실히 스포츠는 가장 빠르게 성장하는 미래 산업의 주역이다. 십여 년 전인 2005년 미국인들은 가상공간에서 펼쳐지는 판타지 풋볼을 즐기느라 21억 달러를 물 쓰듯 소비했다. 앞을 내다보지 못해 기회를 놓친 많은 사업가들은 2014년 오늘, 'FIFA 14' 컴퓨터 게임을 하는 아들의 모습을 보면서 가슴 한쪽이 쓰라렸으리라.

규모가 폭발적으로 커지고 성장 속도가 빠른 '스포츠 산업 경기'에서는 수비보다 공격이 유리하다. 손님은 좌판을 벌려야 오는 법이고 없는 길은 만들면 된다. 예를 들어 보자. ESPN의 론 세미아오Ron Semiao PD가 1993년 전파를 탄 ESPN2로 자리를 옮긴 것은 첫 방송을 불과 2개월 앞두고서였다. 세계에서 가장 막강한 스포츠 채널의 한 축을 담당하게 된 그는 막막하기만 했다. '도대체 저 바다처럼 넓기만 한 방송 시간을 어떻게 채워야 하나?' 그는 책상 앞에서 고민하기보다는 행동으로 문제를 해결하는 스타일이었다. 당장 회사 출입문을 박차고 나가 서점으로 달려간 그는 익스트림 스포츠extreme sports에 대한 책들을 닥치는 대로 사들였다. 스케이트 보딩, 스카이 다이빙, 인라인 스케이팅, 바이킹…. 일주일간 머리를 싸매고 수험생처럼 공부한 그는 '익스트림 스포츠의 올림픽'이라는 아이디어를 떠올렸고 '엑스 게임X-Game'은 그렇게 탄생했다. '좌천의 두려움에 떨었든, 명퇴의 압박에 쫓겼든' 머릿속에서 그려진 그의 구상은 빠르게 모습을 갖춰 갔고 그의 '새로운 스포츠'는 곧 거대한 관련 산업의 탄생으로까지 이어졌다. 마찬가지로 불과 얼마 전만 해도 국내 스키장에서 금기시됐던 스노보드는 이제 스키보다 즐기는 젊은 층이 훨씬 더 많다. 더군다나 보더들은 스키어와 차별화하기 위해 자신들의 문화를 반영한 독특한(?) 복장을 입는다. 지극히 단순한 구조로 이뤄진 '한 개의 널빤지'가 패션 산업까지 일궈낸 셈이다.

새로운 스포츠 종목을 만드는 일은 하늘에서 감이 떨어지듯 저절로 우리 앞에 나타나는 것은 아니다. 그렇다고 별세계에서 오는 것도 아니다. 어쩌면 바로 우리 옆에서 기다리고 있는지도 모른다. 현재 많은 인기를 끌고 있는 기존의 모든 스포츠를 특성, 구조, 형식, 지역, 역사, 기구 등 항목에 따라 분류하고 그 속에서 공통된 것을 뽑아 보자. 그 뼈대를 토대로 살을 붙이고 피를 붓는 순간 생각지도 못했던 근사한 스포츠가 탄생하지 않을까. 과거에 우리가 즐겼던 각종 놀이와 게임도 면밀히 검토해 보자. 그 속에 간단하지만 우리를 흥분시킬 새로운 스포츠의 원형이 숨어 있을 수 있다. 매 학기말이 되면 수업 시간에 국내에서 천만 관객을 모았던 〈왕의 남자〉를 보여 준다(영어 자막을 읽어야 하는 학생들의 고충을 즐기면서!). 광대의 줄타기를 본 미국 학생들은 슬랙라이닝slacklining이라는 대회를 떠올린다. 그렇다. 외줄에 올라타 각종 묘기를 선보이는 이 스포츠를 창안한 사람이 오래전 한국을 방문해 민속촌에서 줄타기를 본 후 아이디어를 떠올렸다는 설이 있다.

이종격투기의 탄생 배경을 거슬러 올라가다 보면 한 가지 질문과 맞닥뜨리게 된다. '지구상에서 어떤 스포츠(무술)가 가장 세지?' 남녀노소를 막론하고 한 번쯤은 궁금했을 이 문제 앞에서 누구는 술자리에서 갑론을박을 펼치는 데 그쳤지만 또 다른 누군가는 직접 판을 만들어 새로운 시장을 키우고 돈을 쓸어 모았다. 그렇다면 이런 질문은 어떨까? 역사상 가장 강력한 군대는? 한국 남자들이 자주 입에 담는 당나라 군대인지(설마? 그러나 전문가들은 역사상 가장 체계적이고 잘 훈련된 부대였다고 한다), 칭기즈 칸 부대인지, 아니면 알렉산더 부대인지 우리는 알 수 없다. 너무나 멀쩡한 한 미국인 청년은 매 주말이면 옷을 갈아입었다. 중세 전사의 복장을 한 그는 친구들과 모여 모조 무기를 든 채 진영을 짜고 '칼싸움'을 벌였다. 당시 우습기 그지없었지만 그들은 너무나 진지했다. 드넓은 초원을 갖춘 테마파크를 만들고 해외의 젊은이들을 초대해 보면 어떨까. 각 나라의 젊은이들은 SNS를 통해 전우들을 규합할 테고 자신들이 선택한 시대의 무기와 편제를 연구하고 어엿한 군대를 만들어 낼 수 있을 것이다. 역사책도 사 볼 것이고 각종 모조 무기와 갑옷 등의 장비도 필요할 것이다. 스포츠보다는 게임에 가깝겠지만 전사의 후예들은 '조국의 명예(?)'를 걸고 전쟁놀이를 즐기며 한때를 만끽할 것이다. 만화 같은 상상이라고? 천만에. 만화 주인공 의상을 흉내 낸 '코스튬costume'만 입고도 행복해 하는 사람이 얼마나 많은가? 새로운 판을 만들라. 그러면 그들이 몰려오리라. 거대한 산업과 함께.

한국, 국제 스포츠계 '게임 체인저' 돼야

한국 사회에서 스포츠는 점점 '괴물'이 돼 가고 있다. 이 괴물을 잘만 처리하면 공주도 구하고 왕궁(?)까지 덤으로 얻을 수 있지만 제대로 대처하지 못하면 두고두고 마을의 골칫덩이가 될 수 있다. 해법을 찾기 위해서는 세 가지 키워드를 이해해야 한다. 그것은 **드라마**와 **비즈니스**, **거버넌스**다. 우선 **드라마**. 해방 이후 우리는 어린 선수들이 펼친 '필드 드라마'에 열광해 왔다. 그동안 묵묵히 정진했던 주조연 선수들은 앞으로도 '한국형 자부심'을 완성하는 데 기여할 것으로 보인다. 확실히 한국 스포츠는 경기력이라는 측면에서 빛나는 성과를 거뒀지만 문제는 둘째 키워드인 **비즈니스**부터다. 문화체육관광부가 발표한 2015년 1분기 스포츠용품 수출액은 3,390만 달러로 전년 동기 대비 18.2% 감소했다. 같은 기간 수입액은 10배가 넘는 3억 6,300만 달러. 스포츠용품 업체의 수출금액은 22년 전인 1993년 고급 레저스포츠용품 수입액 1억 3,765만 달러의 25%에 불과하다(무역협회 자료). 스포츠 산업 이외 분야에서 한국 경제가 이룬 성과를 생각하면 이해하기 힘들다. 이는 양궁 등 개별 종목에서 선도적인 몇몇 브랜드는 있지만 마땅히 한국을 대표할 스포츠 브랜드가 없다는 것이 큰 요인이다. 우리는 이미 절호의 기회인 올림픽(1988년)과 월드컵(2002년)을 놓친 바 있고 평창 동계 올림픽까지는 채 900일이 남지 않았다. 국가대표 축구팀이 골대를 두 번이나 맞추고도 이긴 경기는 잘 기억나지 않는다. 불길하다. 그러나 스포츠는 "끝날 때까지는 끝난 게 아니다". 세계적인 스포츠용품 업체 나이키는 2013년 250억 달러가 넘는 수익을 기록했다. 부럽다. 그러나 육상 중거리 선수 출신의 공동 창업자 필 나이트Phil Knight가 1963년 일본에서 처음 수입한 운동화는 단 200켤레에 불과했다. 시작은 미약해도 결과는 창대할 수 있다. 마지막 키워드인 거버넌스는 한국 스포츠의 가장 약한 고리다. 스포츠 거버넌스는 '스포츠 조직의 목표와 정책 결정, 회원자격, 관련 규정 등과 관련한 권력과 권위의 행사'로 정의될 수 있다. 국제적인 관점에서 본다면 '국제 스포츠 기구의 정책 결정과 집행, 올림픽 운동, 프로와 아마추어 스포츠, 국제 스포츠 행사의 유치 등'과 관련돼 있다. 국제 스포츠 거버넌스라는 목표를 효과적이면서도 효율적으로 달성하려면 '룰 메이커rule maker와 게임 체인저game changer'가 돼야 한다. 현재 이를 실현할 수 있을 것으로 보이는 단체 중 하나는 한국여자프로골프협회KLPGA다. 지금까지는 단순히 해외에서 상금 수집이 가능한 선수 공급처 역할에만 치우친 인상이다. 조직적인 관점에서 KLPGA는 너무 무거워 보인다. 협회 조직을 투어 선수와 기존 회원으로 나눠 '투어 활성화'와 '복지'라는 두 마리 토끼를 잡을 수 있도록 분리할 필요가 있다. 2,000명이 넘는 회원을 끌고 발 빠른 행보를 보이기는 어려울 수밖에 없다. 더욱 중요한 것은 투어의 글로벌화다. 선수를 모으고 규칙을 제정하고 새판을 짜려면 우리 문을 적극적으로 열어야 한다. 2006년 중국 선수들에게 문호를 개방했고 내년에 4명의 해외 선수가 국내에서 뛴다고 한다. 한국 여자골프 시장의 외연을 넓힐 수 있는 긍정적인 신호다. 그러나 속도가 너무 느리다. 다양한 나라에서 온 선수들이 한국에서 더 많이 경기에 참가해야 하고 더 많이 우승 경쟁에 뛰어들어야 한다. 그들이 우승해서 '해외판 박세리 신화'가 탄생한다면 한국은 기회의 땅이 될 것이다. 그들에게 가는 상금은 국제 스포츠 거버넌스 무대에서 한국 몫으로 고스란히 돌아오기 마련이다. 의미가 도치됐지만 '되로 주고 말로 받는다'는 속담은 이런 때 쓰는 것이다. 아시아의 친구에게는 세계가 다가올 수밖에 없다. 플레이 볼!

4차 산업혁명 시대에도 가슴 뛰는 스포츠는 필요

새로운 세계를 눈앞에 두면 언제나 흥분이 앞서기 마련이다. 거대한 4차 산업혁명 시대의 물결 속에 스포츠와 정보통신기술ICT의 융합이 한창 논의되는 요즘, 학계와 산업계가 그렇다. 2016년에만 해도 한 주일 사이에 두 개의 관련 컨퍼런스가 열렸을 정도로 분주하다. 한국스포츠산업경영학회는 'IT 융복합을 통한 스포츠산업의 확장: 가능성과 도전'이라는 주제로 컨퍼런스를 열었고 문화체육관광부는 스포츠와 IT산업의 융합과 가상현실 등을 주제로 '스포츠산업 글로벌 컨퍼런스'를 개최했다. '새로운 생활의 발견'을 예견하는 장밋빛 전망이 난무하고 산업적 기대가 무성하다. 그러나 미래에 대한 대중적 호소와 함께 변화가 가져올 근원적 의미에 대해 생각할 시간이 필요하다. 이는 기술적 과실을 제대로 향유하기 위해서도 그렇다.

현재 스포츠 ICT와 관련해 진행되는 산업계의 흐름은 크게 세

가지다. 첫 번째 흐름은 개개인의 경기력 향상을 돕는 방향으로 진행되고 있다. '더 잘 치고 싶다'는 골퍼의 욕망은 '더 알고 싶다'는 인류의 욕구만큼 강렬하기 때문이다. 펜싱 로봇이 사람을 훈련시키고 실내에서 볼을 치며 패스와 태클에 대한 데이터가 제공된 프로그램을 통해 실전 같은 훈련이 가능하다. 경기력 향상을 위한 지식의 이용은 유구한 역사를 자랑한다. 레슬링 선수이자 서양철학의 원류인 플라톤Plato도 몸에 기름을 바르고 경기에 출전했다. 그는 틀림없이 자신의 지식을 활용해 경기 전 영양식에도 관심을 가졌을 것이다. 둘째는 체험의 확대다. 스포츠 팬은 경기장 저 끝에서 펼쳐진 장면을 자신의 코앞에서 벌어진 플레이처럼 실시간으로 확인할 수 있을 뿐 아니라 선수의 시각에서도 경기를 관람할 수 있다. '3인칭 관찰자 시점'이 '1인칭 체험자 시점'으로 바뀌게 되는 셈이다. 평소에 올라가 볼 엄두도 낼 수 없던 암벽 등반도 360도 영상을 통해 마치 직접 올라가 본 것처럼 느끼는 것이 가능하다. 〈미션 임파서블Mission: Impossible〉의 톰 크루즈Tom Cruise가 암벽을 타면서 느꼈을 스릴(직접 절벽을 올라가면서 촬영했다면!)을 우리도 맛볼 수 있다. 셋째는 즐겁고 안전한 참여 기회의 제공이다. 무표정한 얼굴로 TV를 쳐다보며 지루하게 트레드밀treadmill을 뛰던 50대 중년은 가상현실VR 기기를 착용하고 다른 상대와 경쟁할 수 있고 강원도의 산길을 만끽하며 달릴 수 있게 될 것이다. 이것을 체육 수업에 활용한다면 다치는 학생 숫자가 크게 줄어들 것이다.

현재 진행되고 있는 산업계 동향과 함께 몇 가지 전망을 더해 보자. 우선 인간을 제압하는 완벽한 스포츠 기계가 머지않은 미래에 등장할 것이다. 골프 스윙 기계는 다섯 번의 샷만으로 홀인원을 달성했지만 단 한 번의 실수도 없는 기계가 나올 수 있다. 가장 유력한 것은 볼링과 당구다. 볼링은 바닥의 재질과 바닥에 바른 기름의 두께와 종류에 대한 정보만 정확히 입력된다면 퍼펙트 스코어를 기록할 수 있다. 인간과의 대결은 무의미하다. 당구 기계도 마찬가지다. 타점과 스핀량, 다른 볼의 위치만 제공되면 정확히 당구대를 여행한 끝에 목적지에 도달할 것이다(공기의 밀도와 당구공의 강도도 영향을 미칠 수 있겠지만 큰 변수는 되지 않을 것이다). 그리고 이들 기계는 단순한 스윙 머신이 아닌 스윙 로봇이 될 것이다(영국의 골퍼 닉 팔도Nick Faldo는 한때 자신의 별명이 '스윙 머신'이었다는 것이 머쓱할지 모른다). 또 새로운 스포츠가 탄생할 것이다. 현재는 드론을 주목하는데 해리포터가 탁월한 실력을 과시했던 퀴디치quidditch도 불가능하지 않다. 우선은 드론을 활용한 기계 간의 대결이 나올 것이다. 그러나 택배용 물건의 무게를 감당하는 드론이 인간의 몸무게를 충분히 감당할 수 있고, 형태를 바꿀 수 있다면 '진짜 공중전'을 볼 수 있을 것이다.

과거의 역사가 언제나 그랬듯이 미래가 즐겁기만 하지는 않을 것이다. 특히 인간의 노동을 대체하는 4차 산업혁명 시대에는 더욱 그럴 수 있다. 혁명이 진행될수록 '인간의 가치'에 대한 '인간적 고민'은 더욱 짙어지기 마련이다. 그럴수록 '스포츠의 가치'가 주목받을 수밖에 없는데 스포츠는 인간이 펼치는 경연장이기 때문이다. 특히 의외성이라는 면에서 그렇다. 실수가 전혀 없는 완벽한 경기력을 갖춘 '머신과 로봇의 대결'은 우리의 감정선을 결코 건드릴 수 없다. 나이키의 창업자 필 나이트는 25살에 요절한 천재 육상선수 스티브 프리폰테인Steve Prefontaine의 경기를 보고 평생 그 장면을 잊지 않으리라 결심했다고 한다. '나는 단지 이 경기를 본 것만이 아니었다. 나 역시 그 경기에 참가했다. 며칠 지나자 마치 내가 그 경기를 뛴 것처럼 허벅지 근육이 당겨오기 시작했다… 스포츠는 사람들에게 다른 사람의 삶을 산 것처럼 다른 사람의 승리 혹은 패배에 함께한 것처럼 느끼게 해준다… 팬의 마음은 선수의 마음과 하나가 된다… 이렇게 하나가 되는 곳에서… 통합이 이뤄진다.' 이것이 스포츠고, 다가올 4차 산업혁명 시대에도 간직해야 될 스포츠 세계의 가치다.

평범한 사람이 스포츠로 돈 버는 법

아주 가끔은, 교과서적인 삶을 사는 사람들을 만나게 된다. 이들은 살면서 원칙을 지키려 노력할 뿐 아니라 경계 너머의 금지된 곳으로 눈을 돌리지도 않는다. 그래서 주위 사람들로부터 '골이 따분'하다는 평가를 받고 경원시되기 십상이다(옛날에도 고리타분한 사람은 인기가 없었다!). 또 본인의 삶이 그렇기 때문인지 주위 사람들에게 '일해라 절해라' 요구도 많이 한다(요즘 젊은 사람들에게 이래라저래라 하면 '꼰대'로 불리기 쉽다!). 그러나 드문 만큼 귀하고 가치 있는 존재다.

대학에서 수업을 하려면 아무래도 이런저런 교과서를 접하게 되는데 대학 바깥에 있는 사람들은 종종 '교과서 무용론'을 주장한다. 맞는 말이다. 웬만한 교과서들은 시대에 뒤떨어진 정보를 담고 있다. 예를 들어 서비스로서 스포츠가 갖는 특성에 대한 설명이 그렇다. 교과서는 스포츠라는 상품은 생산과 동시에 소비가 일어나고(비분리성), 판매가 안 된 서비스는 사라지며(소멸성), 보거나 만질 수도 없고(무형성), 품질이 고르지 못하다(이질성)고 한다. 과연 그럴까? 요즘에는 국가대표 축구팀 간의 경기는 마지막 휘슬이 울린 후에도 유튜브 같은 미디어를 통해 끊임없이 재소비된다. 또 스낵 뉴스나 하이라이트 등의 형태로 재가공돼 스스로 소멸되기를 거부한다. 확실히 일부 교과서들은 반 보쯤 뒤처져 있다. 그러나 한계에도 불구하고 기존의 지식을 체계적으로 정리하고 원론(칙)을 제시한다는 점에서, 교과서는 중요하다. 또 사례를 분석해 통찰력을 제공하는 것은 교과서가 갖는 귀중한 덕목 중 하나다.

여기 하나의 스포츠 비즈니스 회사가 있다. 이 회사의 오너는 전문 선수 출신으로 독보적인 스포츠 경험을 갖고 있다. 누구보다도 현장의 요구를 잘 알고 있다. 자연스럽게 사람들이 필요로 하는 제품을 제공하며 사업을 확장한다. 활발한 로비를 통해 용품의 기준도 마음대로 정하는데 크기, 재질, 규격을 확정하며 시장 지배력을 넓힌다. 훈련법 등 각종 관련 자료를 공급해 '나도 해보고 싶다'는 욕망도 불러일으킨다. 다양한 콘테스트와 토너먼트를 열어 이런 욕망의 출구로 활용한다. 스스로 시장을 키우고 마케팅으로 돈을 번다. 규정집을 만들고 규칙도 새로 정해 거버넌스를 굳건히 한다. 시장을 좌지우지함은 물론이다. 동서로 나뉜 거점 지역을 남북으로 확대하고 판매망은 거미줄처럼 촘촘해 소비자를 포획한다. 이 정도면 플랫폼을 완성한 셈인데 여기서 멈추지 않는다. 미래의 소비자인 학생들에 대한 지원을 게을리하지 않는다. 이들의 성향에 맞춘 맞춤형 용품으로 유혹한다. 더 이상 장비의 성능 개선이 어려우면 디자인과 컬러로 승부수를 띄워

아예 판 자체를 바꾼다. 시장도 젊은이와 여성으로 세분화해 적극적인 참여를 이끌어 내고 슬로건을 통해 새로운 문화 창조에도 나선다. 합병한 회사에게는 기존의 이름과 네트워크를 활용하도록 허용하며 경쟁사의 인재는 무자비하게 스카우트한다. 이 회사의 이름? 최초의 근대적인 스포츠 기업인 스팰딩Spalding이다. 지금으로부터 142년 전인 1876년에 만들어졌다. 스팰딩도 스타를 통한 마케팅을 시도했는데 당대 최고의 스타였던 베이브 루스Babe Ruth가 야구배트 회사(H&B사)와 계약한 해는 1917년이었다. 날개 돋친 듯 배트가 팔렸는데 그에 대한 대가는 100달러와 골프 클럽 한 세트가 전부였다. 과연 오늘날의 스포츠 마케팅 회사들이 구사하는 전술은 이로부터 얼마나 떨어져 있을까.

스포츠로 돈을 벌 수 있는 가장 확실한 방법은 스포츠 스타가 되는 것이다. 〈포브스Forbes〉에 따르면 지난 1년간 가장 많은 돈을 번 선수는 복서인 메이웨더Floyd Mayweather, Jr.로 2억 8,500만 달러(한화 약 3,045억 원)를 벌었다. 매일 퇴근해 집에 들어갈 때마다 8억 원이 기다리고 있다고 상상하면 얼마나 즐거울까. 올해 한국에서 월 1,000만 원 이상 소득을 올리는 직장인이 34만 명이고 1,400여 명이 월 1억 이상 벌었다고 하지만 비교가 무의미하다. 그러나 스포츠 스타가 되려면 재능과 지혜는 물론이고 연습과 패배의 고통을 견딜 수 있는 용기가 필요하다. 결국 평범한 사람이 스포츠로 돈을 벌려면 비즈니스를 하는 것이 낫다. 아직도 시장은 넓고 인재는 필요하기 때문이다.

스포츠와 테크놀로지의 교차로 04

'멀쩡한' 아이비리그 교수들은 또 다른 야구의 세계에 빠져들었는데 이들이 직접 꾸린 가상의 팀은 25개에 달했다. 당시 역사학과 소속의 '구단주' 교수가 이 게임을 다른 동료에게 소개하면서 급기야 미식축구 리그까지 만들어졌다. 괴짜 교수들의 '지적인(?) 놀이'는 발전을 거듭해 2017년 기준으로 미국에서만 5,900만 명이 즐기는 문화가 됐다.

오래 사는 삶, 건강하고 즐겁게…
스포츠 스타트업 뜬다

미국 스탠퍼드대 비즈니스 스쿨의 조지 포스터George Foster 교수는 하버드대의 스티븐 그레이서Stephen A. Greyser 교수와 함께 스포츠 비즈니스에 관한 수업을 공동으로 개설했다. 그 넓은 북미 대륙에서 동서로 5,000km나 떨어진 대표적인 교육기관 교수들이 합동수업을 진행한 셈이다. 여기에 전설적인 풋볼 코치 빌 월쉬Bill Walsh가 가세하면서 10여 년 전 『스포츠 비즈니스The business of sports: Text and cases on strategy and management』라는 주목할 만한 저서가 탄생했다.

이들은 스포츠 비즈니스는 여타 비즈니스와 마찬가지로 수익 증대, 리더십과 전략의 중요성, 가치 창조와 가치 배분의 원칙, 브랜딩, 글로벌라이제이션 등 공통점을 갖고 있다고 파악했다. 물론 스포츠와 비즈니스가 결합된 스포츠 비즈니스는 여타 비즈니스와 차별성도 갖고 있다. 구체적으로 '승리의 중요성', '오너가 가진 목적의 다양함', '어항 속의 경영', '규모의 유지', '약자(팀)에 대한 지원', '강자에 대한 규제', '수입 규모 유지와 분배 원칙', '선수를 자산으로 인정', '나쁜 행동에 대한 통제', '재무정보에 대한 제한적 공시', '스포츠와 오락의 결합' 등 차이점을 갖는다고 이들은 분석했다.

최근 들어서는 스포츠가 정보통신기술ICT과 결합하면서 펼쳐질 미래의 모습이 관심을 끌고 있는데 '산업적, 엔터테인먼트적 폭발성'이 기존 항목에 추가돼야 할 것 같다. 기대수명이 증가하면서 건강하고 여유 있는 즐거운 삶에 대한 관심이 커지고 있고 이는 당연해 보인다. 대부분의 사람들에게는 '오래 사는 삶, 이왕이면 건강하고 즐겁게'가 삶의 화두라 해도 지나치지 않다. 건강과 삶의 여유, 즐거움을 제공할 수 있는 스포츠와 ICT가 결합된 세계는 문화와 산업 전반에 걸쳐 많은 변화를 가져올 수밖에 없기 때문에 충분한 준비와 대처가 필요하다.

자연히 스포츠 스타트업에 대한 관심도 높아져 가고 있는데 국내외에서 진행되고 있는 스포츠 스타트업의 형태는 크게 네 개의 범주category로 나눌 수 있겠다. 이들 범주는 각각 **'교육'**, **'소셜 미디어'**, **'빅 데이터'**, **'판타지 스포츠**fantasy sports'라는 키워드가 포함돼 있다. 우선 **교육**은 '더 잘 치며 더 잘 던지고 싶다는 욕망desire'과 관련 있다. 스포츠를 하는 사람은 모두 더 나은 기술performance을 원한다고 생각한다. 핸디캡을 낮추고 싶지 않은 골퍼가 지구상에 있을까. 승리를 추구하지 않는 팀은 더 이상 존재할 가치가 없지 않을까. 전설적인 풋볼 코치는 '승리가 모든 것은 아니다. 그러나 그것은 유일한 것이다(Winning isn't everything: it's the only thing)' 라며 선수들을 독려하지 않았던가. 외국의 상당수 스포츠 스타트업들은 다양한 방식으로 이 같은 수요에 대응하고 있다. 예를 들어 특정 종목에 필요한 기술을 분야별로 나누어 모바일 트레이닝 플랫폼을 통해 제공하고 있는데 드리블이 약한 아마추어 선수는 원하는 시간에 원하는 장소에서 동영상을 통해 전문가의 개인지도를 받을 수 있다. 여기서 한발 더 나아가 소속팀의 경기 장면이나 훈련 모습을 전송하면 이를 분석해, 팀 전술의 유효성, 포지션별 선수가 갖고 있는 약점과 장점, 체력적인 문제까지 파악해 데이터를 전송해준다. 쉽게 말해 2002년 한일 월드컵 대표팀 체력 담당 코치인 핌 베어벡Pim Verbeek이 체력 진단을 해주면 히딩크Guus Hiddink 감독이 맞춤형으로 전술을 지도하는 일이 내 손안에서 가능한 셈이다.

소셜 미디어도 유력한 스포츠 스타트업 분야다. 스포츠 마니아만큼 말 많고 자신의 생각을 나누고 싶어 하는 인종(?)이 있을까. 최근 국가대표팀의 스페인전 직후 나타난 '키보드 워리어'들을 생각해 보라. 이들 스타트업은 스포츠 팬들이 모바일 어플리케이션상에서 정보를 공유하고 이야기를 나눌 수 있는 플랫폼을 제공하는 것이 기본 개념인데 여기에 실시간 스코어 확인, 스포츠 뉴스 시청은 물론 경기 전과 심지어 경기 시작 후 입장이 가능한 티케팅 서비스를 제공하는 스타트업들이 미국에서 맹활약 중이다. 국내의 경우 인터넷 예매가 일상화돼 있는데 스포츠 팬들은 좌석을 예약하기 전에 선택한 자리에서 보이는 경기장 전경이 어떨지 궁금해 한다. 위치는 좋은데 경기장 설계 때문에 타자의 움직임이 가려진다면 그날의 야구경기 관람은 고통이다. 프로구단 막내인 KT는 올해부터 ICT 기술을 활용한 VR 모바일 생중계를 하고 있다. 카드보드나 스마트폰을 통해 360도 경기 장면을 감상할 수 있다. 이 서비스는 어지러움 등 개선사항은 있지만 예약 좌석에서 보이는 경기장 모습을 보여주는 데 이를 도입할 만하다.

빅 데이터를 활용한 스타트업들도 많다. 이미 독일 축구팀이 빅 데이터를 통해 월드컵 우승이라는 성과를 거둔 바 있는데 선수들의 옷이나 공, 배트, 클럽에 칩을 심어 수많은 데이터 속에서 필요한 정보를 찾아내는 기술이 일상화돼 있다. 미셸 위 클럽은 헤드 스피드와 스윙 궤적, 훈련량 등을 제공하고 있다. 특히 이들 빅 데이터는 선수 교체와 훈련 등 전력 향상이라는 점에서도 도움이 되지만 무엇보다도 부상 방지에 중요한 역할을 하고 있다. 선수 자체가 큰 자산인 요즘, 구단들은 불필요한 비용을 줄일 수 있는 시대를 즐기고 있다.

스포츠 풍경 중 국내와 해외의 큰 차이는 아마도 **판타지 스포츠**일 것이다. 실제 선수들이 가상 공간에서 펼치는 판타지 스포츠는 전통주의자들에게는 크게 흥미를 끌지 못할 수도 있다. 그러나 판타지 스포츠를 통해 실제 경기의 인기가 올라간다는 연구 결과도 나와 있다. 즉 게이머들이 승률을 높이기 위해 선수 분석을 하고, 전술을 파악할 뿐 아니라 부상 여부에도 촉각을 곤두세우다 보니 실제 경기 관람 확률도 높아지고 관련 용품까지 산다는 것이다. 판타지 스포츠 관계자들은 경기 결과 예측은 운이라기보다 전략적 이해를 바탕으로 결정되기 때문에 충분히 스포츠 발전에 기여하고 있다고 항변하고 있다. 특히 판타지 스포츠는 베팅이 가능하기 때문에 폭발적이기도 한데 이 점에서 많은 논란을 야기하고 있는 것도 사실이다. 미국의 대표적인 판타지 스포츠 업체들이 도박성 때문에 영업정지 명령을 받기도 했는데 앞으로 행보를 지켜볼 필요가 있다.

성공적인 스포츠 스타트업을 위한 몇 가지 제안을 하고자 한다. 우선 스포츠에 대한 이해가 필요하다. 스포츠를 이루는 본질적인 요소는 규칙과 경쟁, 그리고 신체 활동이다. 여기에 엔터테인먼트적인 요소도 고려해야 한다. 공간, 시간, 문화, 역사 등의 다양한 분류 체계를 통해 스포츠를 들여다보는 것도 좋은 방법이다.

경기가 행해지는 장소를 보자. 운동장도 있지만 산에서 진행되는 경기도 있고 물 위에서 펼쳐지는 경기도 있다. 시선을 하늘로 돌려보면 더 많은 가능성이 보인다. 올해의 ICT 산업 10대 뉴스 중 네 번째는 드론이다. 스포츠 스타트업이 눈을 들어 하늘을 보면 드론이 보일 것이다. 또 힘과 미를 겨루거나, 계절에 따라 행해지기도 하고 골프나 야구 같은 장비의 사용 유무에 따라 분류할 수도 있을 것이다. 장비는 기술력에 따라 결정적으로 영향을 받기 때문에 첨단 기술의 적용 가능성을 끊임없이 확인하는 과정이 필요하다.

마지막으로 소비자 욕구에 대한 고려가 필요하다. 『스포츠 산업 백서』에 따르면 우리나라에는 10만 1천 개가 넘는 생활체육 클럽에 회원 수는 450만 명에 달한다(2014년 현재). 생활체육 참여율은 지난 10년간 지속적으로 늘어 55%에 달하며 규칙적인 운동을 전혀 하지 않는다는 비율은 43%에서 35%로 줄고 있다. 축구와 야구 클럽 개수만 1만 6천 개(축구 1만 1,771개)가 넘는다. 매주 운동장에서 뛰는 인원만 각각 56만 명과 13만 명에 달한다. 이들 동호인을 위한 앱을 개발한다면 반드시 필요한 정보는 무엇일까. 구장에 대한 정보, 신상품 안내, 전술과 훈련법 소개? 당신이 매주 운동장에서 뛴다면 가장 필요한 것은 어쩌면 목욕탕과 경기장 근처의 맛집 정보일 것이다. '아는 만큼 보이고 보이는 만큼 성공 가능성은 커지는 법'이다.

미래 스포츠 산업도 데이터에 달렸다

일상에서 만나는 사람에게 '돈을 벌고 싶습니까?'라고 물어보면 97%는 '예스'라고 대답한다. 나머지 3%는 주변 소음 때문에 질문을 못 들었거나 딴생각하느라 의도를 제대로 이해하지 못한 경우다. 스포츠 세계에서 살아가는 비즈니스맨들도 마찬가지인데, 이들이 이윤을 창출하려면 품질이 향상된 제품을 판매하거나, 새로운 소비자를 찾아내거나, 과거에 존재하지 않았던 시장을 개척하는 방법 등이 있을 것이다. 이런 점에서 스포츠 데이터를 다루는 스포츠 정보sports information 분야는 관심을 끈다.

그동안 스포츠 관련 데이터는 스포츠 신문 한 귀퉁이에 제공되거나 미디어가 기사를 작성할 때 활용됐을 뿐이다. 그러나 미래의 스포츠 정보 서비스업은 스포츠 미디어 분야와 함께 미래 스포츠 비즈니스의 새 장을 열어줄 것으로 보인다. 스포츠 정보를 바탕으로 한 대표적인 게임은 '판타지 스포츠fantasy sports'다. 이는

'실제 선수들의 통계를 바탕으로 가상의 팀을 꾸려 경쟁하는 스포츠'다. 선수들 기록을 종이에 적어 게임보드, 선수카드 형식으로 놀던 것이 기원인데 어떤 스포츠 미디어 학자는 자신의 책 서문에 이 같은 경험이 오늘의 자신을 만들었다고 고백하기도 했다. 한 하버드대 교수는 1960년에 메이저리그 통계를 활용해 판타지 스포츠를 처음 만들었다.

'멀쩡한' 아이비리그 교수들은 또 다른 야구의 세계에 빠져들었는데 이들이 직접 꾸린 가상의 팀은 25개에 달했다. 당시 역사학과 소속의 '구단주' 교수가 이 게임을 다른 동료에게 소개하면서 급기야 미식축구 리그까지 만들어졌다. 괴짜 교수들의 '지적인(?) 놀이'는 발전을 거듭해 2017년 기준으로 미국에서만 5,900만 명이 즐기는 문화가 됐다. 판타지 스포츠계의 대표적 기업인 '팬듀얼FanDuel'과 '드래프트킹스DraftKings'는 기업 가치가 10억 달러(약 1조 1,200억 원)가 넘는 스타트업 유니콘이다. 선수에 대한 각종 데이터는 물론 상대 전적, 부상자 현황, 루키 등 다양한 정보를 통해 승패가 갈린다는 점에서 판타지 스포츠는 스포츠 도박과 다르다. 확실히 '운'보다 '분석력'에 의해 승부가 결정된다. 이 때문에 참가자들은 각종 미디어나 전문 기관에서 제공하는 정보를 필사적으로 찾게 되는데 평균적으로 4~5개 정보 사이트를 이용한다고 한다. 자연히 미디어 등 관련 분야의 발전과 시장 활성화로 이어진다.

국내에서는 아직 초기 단계다. 2016년 '판타지볼'과 '판타지 스타디움'이 처음 오픈해 가능성을 보였고, 지난해는 e-스포츠를 대상으로 한 웹 서비스 'master.gg'가 문을 열었다. 한국 최초의 참여형 모바일 판타지 스포츠를 표방한 지엘크루zielcrew의 'DraftDNA'는 프로야구에 이어 농구로 영역을 넓히며 스포츠 데이터 비즈니스를 넓히고 있다. 이 밖에도 서비스를 준비 중인 회사가 있는 것으로 알려져 있는데 그야말로 스포츠 데이터를 무기로 황금광 시대에 도전하고 있는 셈이다. 이들이 극복해야 할 것은 도박이라는 인식이다. 미국에서는 2018년 5월 연방대법원이 스포츠 도박 금지법이 위헌이라는 판결을 내렸지만 일부 주에서는 여전히 판타지 스포츠를 금하고 있다. 국내에서는 '스포츠토토'가 유일한 합법적 스포츠 도박인데 판타지 스포츠는 보상을 금전이 아닌 응원팀에 대한 기부나 경기 관람 기회 제공 등으로 우회하며 도박이라는 제약을 피하고 있다. 미래는 밝지만 현재는 어두운 것이 사실이다.

한때 남자로 태어나 해볼 만한 3대 직업이 '야구 감독과 오케스트라 지휘자, 외항선 선장'이라는 말이 있었다. 어떤 이는 '프로야구 감독, 군대 사단장, 정치인'이라고도 했다. 야구 감독이 공통점인데 최소한 판타지 스포츠 세계에서는 남녀를 구분할 필요가 없다. 또 연령에 관계없이 누구나 프로팀 감독이 돼 마음대로 야구팀을 구성할 수 있다. 스포츠 데이터 세계가 펼쳐 보일 미래 스포츠 문화가 궁금하다.

스포츠 분야도 4차 산업혁명 진행 중

세계 최초라는 타이틀을 '정보력(?)에 힘입은 끝에' 따낸 5G 시대가 열렸다. 그러나 가격과 서비스 품질, 준비 정도 등에서 문제를 노출하며 새로운 시대의 개막을 제대로 느끼기에는 부족하다는 평이다. 분위기로는 가히 '춘래불사춘(春來不似春)'이라 할 만하다. 특히 산업적 측면에서 파급력이 클 수밖에 없는 5G 생태계 구축에 소홀하다는 지적이 뼈아픈데 그나마 가상현실VR과 증강현실AR을 활용한 스포츠 콘텐츠가 눈에 띈다. 우리 사회의 거의 모든 영역에서 4차 산업혁명 시대에 대비하려는 움직임이 나타난 지는 꽤 오래됐다. 건강, 방송, 자동차, 패션, 게임, 문화 등에서 많은 기술적 진전이 이뤄지고 있는데 당연히 스포츠 분야 또한 예외는 아니다. 필자가 소속된 학과는 스포츠와 정보통신기술ICT의 융합을 통해 산업적 기회를 창출하고 이를 위한 인재를 키우기 위해 만들어졌다. 대학원 내에 프로그램이 개설된 지 5년도 채 되지 않은 지금도 커리큘럼은 개편 중이다. 한국 사회의 대학이 시대에 동떨어진 교육을 제공한다는 비판을 받고 있지만 시대적

흐름에 발맞추기 위한 움직임이 없는 것은 아니다.

인간의 원초적인 능력을 겨루는 스포츠 세계가 기술과 만나면 과거에는 상상할 수 없었던 '신세계'가 만들어질 것으로 예상된다. 기대효과는 다층적이다. 산업적으로는 신기술 발전의 토대가 마련되며 이를 통해 신시장 개척이 가능할 것으로 기대된다. 자연히 스포츠와 기술에 밝은 젊은이들의 창업 기회도 만들어질 것이다. 또 전공이 다른 배경을 가진 '스포츠 마니아'들의 시너지도 이뤄지고 있다. 본과에 재학 중인 학생들의 전공만 봐도 꽤나 다양하다. 스포츠 전공자는 물론이고 육사 출신도 있고 경영학사 소지자도 있으며 컴퓨터를 전공한 게임 마니아도 있다. 인문학도도 재학 중인 것을 보면 소위 '문송(문과라서 죄송합니다)'이라는 요즘 신조어는 별 관계가 없어 보인다. 사회적으로도 파급효과가 클 것 같다. 기존에 없었던 다양한 스포츠 관련 직업 내용과 모습이 만들어짐으로써 과거의 고정화된 직업관에 새로운 인식을 갖게 되는 계기가 될 것이다. 선진국을 뛰어넘는 선도적인 기술융합과 프로젝트 과정을 통해 학생들은 생생한 지식을 많이 배울 것이다. 이들의 기운은 우리 사회의 역동성과 사회적 자산에 대한 자신감도 불어넣을 것으로 보인다. 이를 통해 '헬조선'이라는 자조가 넘치지만, 실질적으로는 단국 이래 최고의 경제적, 문화적, 군사적 힘을 갖게 된 우리의 '글로벌 시대 주역'이라는 자부심 제고도 기대된다. 해외에 나가면 한류Korean wave로 저절로 어깨에 힘이 들어간다. 춤과 노래, 드라마에 이어 K-스포츠 문화도 한몫할 것이다. 최근 개인적으로 가장 좋아하던 선수 중 한 명인 윤정

환 감독이 태국의 1부 리그 무앙통 유나이티드Muangthong United의 지휘봉을 잡았다는 뉴스를 접하고 설렜다. 박항서 신드롬에 이어 또 한 번의 역사가 기대된다. 스포츠 선수(출신)들이 이국에서 보여 주는 활약상에 고마움을 느꼈는데 이제는 스포츠 기술이 나설 것이다. 기술에는 국적이 없다지만 스포츠와 결합된 기술은 꼭 그렇지만은 않다. 스포츠에는 문화가 녹아 있기 때문이다.

남아 있는 것은 철학적 문제다. 스포츠와 기술의 융합은 인간이 과거에는 알지 못했던 체험의 영역을 삶의 현장으로 끌어내릴 것이다. 그동안 볼 수 없었던 각도를 구현하고, 깨닫지 못했던 사실을 일깨우면서 '경험의 질감'이 달라지게 된다는 뜻이다. 일상에서 접할 수 없었던 스피드의 짜릿함, 프로 선수들만이 공유했던 내밀한 순간, 비틀린 공간감의 쾌감 등이 기술에 의해 성큼 다가온다. 특히 스포츠를 한다는 사람 모두가 꿈꾸는 '더 잘하(치)고 싶다'는 욕망을 해결하는 데 큰 도움이 될 것이다. 완벽에 가까운 폼으로, 완전에 가까운 결과를, 언제나 한결같이 내 몸으로 실현할 수 있을지도 모른다. 그러나 그렇게 되는 순간, '지금껏 이와 같은 인간은 없었다'고 감탄만 할 수 있을까. 인간의 스포츠는 로봇의 스포츠와는 다르고 달라야만 하기 때문이다. 바람처럼 흔들리는 인간의 마음과 피와 살이 격돌하는 것이 스포츠이기 때문이다. 결국에는 어디까지를 인간의 능력으로 볼 것이며 스포츠란 무엇인가라는 철학적 문제가 남게 된다. 물론 미리 걱정할 필요는 없다. 이는 스포츠 철학자들에게 맡겨놓고 우리는 지켜보면 되기 때문이다.

스포츠가 주는 울림과 떨림 05

우리는 피차 '남자답게' 대화가 없었다. 이유는 여러 가지였겠지만 '가훈'을 수행하느라 아들도 아버지만큼 바빴기 때문이다. 아버지에게서 암이 발견됐을 때도 아들의 바쁜 스케줄은 지속됐는데 발전된 의술의 힘을 믿었기에 아들은 별 말도 없이 훌쩍 유학을 떠났다. 과연, 과학에 대한 믿음대로 아버지의 암은 잘 관리됐다. 그리고 서먹한 사이였던 부자는 이따금 전화로 '초 단위' 대화만을 나눴을 뿐이다. 그런데 언제부턴가 아버지의 목소리가 약해지셨고 대화를 오래 끌려는 의도가 느껴졌다.

골프가 우리에게 줄 수 있는 것 - 아버지와 아들편

모든 골퍼에게는 아버지가 있다. 그리고 아버지와 아들의 관계를 골프로 풀어 낸 최고의 작품은 아마도 제임스 도드슨James Dodson의 『마지막 라운드Final rounds』일 것이다. 저자는 책에서 아버지와 함께했던 골프의 시간을 가슴 절절하게 그려냈다(국내에서는 1999년도에 초판이 발행됐다). 그러나 과거 골프장이 수십 개에 불과했던 한국인 골퍼들에게 아버지와 골프라는 단어의 조합은 잘 어울리지 않는 것 같다. 특히 엄격한 가부장제하에서 어린 시절을 보낸 '86'세대 대부분에게 아버지는 (예외는 있을지라도) 껄끄러운 존재이기 쉽다. 대체로 아버지란 단어는 두려움의 대상이고, 필사적으로 인정받기 원하지만 돌아오는 대답은 늘 부족하고, 가족이지만 좁은 공간에 단 둘이 있는 시간은 불편한 관계라 표현해도 틀리지 않을 것이다.

필자의 아버지는 다소 독특한 면이 있으셨다. 당신은 누구보다도 유머를 사랑하셨고 음주가무를 생활화하셨다. 뿐만 아니라 개발독재 시대인 70~80년대를 거치는 동안 '근면, 자조, 협동'이라는 시대 정신을 당당히 거슬러 사셨다. 매 주말이면 전국 방방곡곡을 다니며 유유자적 낚시를 즐기셨는데 지금도 기억나지만 꽤나 자주 와병(臥病)을 핑계로 결근하시고 파라호나 송전 저수지로 2박 3일 낚시를 떠나셨다. "낚시를 다녀올 때마다 자식이 한 명씩 태어나더라"는 회고는 가족에게는 원망 어린 전설로 남아 있다. 물론 당신은 한 번도 골프를 치지 않으셨다. 그러나 해외에 나갈 기회가 있으실 때마다 페블 비치Pebble Beach와 세인트 앤드류스St. Andrews를 방문해서 당시만 해도 골프로 밥벌이 하던 아들의 기를 죽이셨던 분이기도 하다.

아버지와의 애틋한 추억? 글쎄… 기억나지 않는다. 우리는 피차 '남자답게' 대화가 없었다. 이유는 여러 가지였겠지만 '가훈'을 수행하느라 아들도 아버지만큼 바빴기 때문이다. 아버지에게서 암이 발견됐을 때도 아들의 바쁜 스케줄은 지속됐는데 발전된 의술의 힘을 믿었기에 아들은 별 말도 없이 훌쩍 유학을 떠났다. 과연, 과학에 대한 믿음대로 아버지의 암은 잘 관리됐다. 그리고 서먹한 사이였던 부자는 이따금 전화로 '초 단위' 대화만을 나눴을 뿐이다. 그런데 언제부턴가 아버지의 목소리가 약해지셨고 대화를 오래 끌려는 의도가 느껴졌다.

"요새 어니 엘스가 왜 그렇게 못 치냐?"

"골프 중계 안 보시잖아요?"

"궁금해서 그런다."

"…"

"타이거 우즈가 잭 니클라우스 기록을 깰 수 있겠지?"

"그걸 제가 어떻게 알아요?"

"…"

"신문 보세요. 거기 다 나와 있겠죠."

해외 생활 3년차에 지쳐갔던 아들은 황급히 수화기를 며느리에게 넘겼다. 그렇게 부자 간의 대화는 이따금씩 이어졌지만 '곧' 끊어졌다. 그러던 어느 일요일 오후. 한국으로부터 걸려 온 전화는 "아버지가 돌아가셨다"는 말로 시작됐고 그 다음에 무슨 말이 오갔는지는 생각나지 않는다. 최대한 빨리 귀국했지만 이미 하루가 지났고 산발 머리 아들은 그저 조의를 표하는 분들에게 머리만 조아렸던 것 같다. 지금도 당시 무슨 생각을 했는지는 모르겠다. 그날 새벽 3시.

극심한 피로로 충혈된 눈을 한 채 방명록이 놓여 있던 책상 앞에 '털썩' 주저앉았다. 무심코 열어 본 책상 서랍. 거기에는 평소 아버지가 쓰시던 수첩이 놓여 있었다. 단정하고 깔끔한 눈에 익은 글씨체. 늘 따라하고 싶었지만 결코 흉내 낼 수 없었던 단아한 글씨들은 아버지의 일상을 보여줬다. 큰아버지의 기일, 어머니와의 약속, 소소한 하루하루의 기억들… 그리고 놀랍게도! 골프대회 중계 일정이 빠짐없이 기록돼 있었다. '아니 아버지가 왜 이렇게 골프 경기를 열심히 보셨지?' 혼란스러웠다. '스포츠를 사랑하셨지만 전해 드린 골프대회 입장권을 한 번도 사용하신 적이 없었는데…' 꼼꼼히 기록된 출전선수와 주요 메모들을 읽어 가다가… 문득 깨달았다. '아하, 아버지는 나와 대화를 하고 싶으셨구나.' 그렇다. 아버지는 몇 년째 해외로 떠도는 아들과 함께할 화젯거리가 필요하셨던 것이다. 아버지, 나의 아버지… 생각이 미치자 수첩 위의 문자들이 뿌옇게 흐려졌다.

당신의 마음을 무심히 지나쳤던 아들. 아들과 대화를 애타게 원하셨던 아버지. 우리 사이를 연결하는 '대화의 끈'일 수도 있었던 골프. 그리고 이제는 아무리 기다려도 오지 않고 시간이 지날수록 고통스럽게 짙어지는 순간들.

골프는 누구에게는 단순히 운동일 뿐일 수 있다. 또 다른 누군가에게는 사교의 수단일지도 모른다. 그러나 어떤 골퍼에게는 아버지를 생각하는 시간이기도 하다.

골프가 우리에게 줄 수 있는 것 - 아빠와 아들편

지난 칼럼의 주제는 아버지와 골프였다. 많은 분들이 연락을 주셨고 분에 넘치는 따뜻한 말씀을 해 주셨다. 이 자리를 빌려 감사의 말씀을 올린다. 이번 칼럼에서는 아빠의 입장에서 아들과 얽힌 '골프의 추억'을 나누고 싶다. 필자에게는 두 명의 아들이 있다. 큰아들은 현재 무시무시한 '고3 터널'을 지나고 있다. 거뭇거뭇한 콧수염이 난 지는 꽤 됐지만 가만히 옆에서 쳐다보면 여전히 다섯 살 때 모습이 떠오른다. 아이들의 모든 순간을 다 눈에 담아 두고 있다고 생각하지만 아무래도 그때가 우리 가족에게는 가장 큰 격동의 시기였기 때문인 것 같다. 아빠로서 아들에게 후회되고 미안한 일이 한 두 가지가 아니겠지만 '유 나 페잉' 사건을 생각하면 지금도 마음이 아프다. 큰 애는 막 다섯 살이 되던 2004년 7월 어느 날 영문도 모른 채 새벽에 일어나 20시간의 비행 후 텍

사스 오스틴Austin에 도착했다. 승용차 보닛 위에서 계란프라이를 해 먹을 수 있다는 그 뜨거운 곳에서 시차도 극복하지 못한 채 학교에 입학했다. 영어가 뭔지도 모르지만 '아이들이 뭔 말을 그렇게 많이 한다고 학교에서 아무 문제도 없겠지' 하는 안일한 생각을 가진 아빠는 무사태평이었다. 스쿨버스 때문에 새벽에 갔다가 오후 3시나 돼야 집에 오던 아이는 언제나 버스에서 내리자마자 화장실로 직행해 '거하게 쉬'를 했다. 한 달쯤 지나서야 화장실 가고 싶다는 말을 할 줄 몰라 그 오랜 시간을 참고 있었다는 걸 알았다.

아이는 또 늘 바지주머니에 모래를 가득 담아 집에 돌아왔다. 바지를 벗길 때마다 떨어지는 모래 때문에 방안이 엉망이 되곤 했고 그때마다 짜증을 냈다. 아이는 가끔 '유 나 페잉'이 무슨 뜻이냐고 물었지만 무슨 말인지 알 수가 없었다.

어느 날 학교 쉬는 시간에 담 너머로 본 아이는 혼자 떨어져 모래를 친구 삼아 놀고 있었다. 모든 반 친구는 함께 놀고 있었지만 큰 애는 외톨이로 놀고 있었던 것. 그때 번뜩 떠오른 문장이 '유 아 낫 플레잉(You are not playing)'이었다. 다섯 살짜리 급우들이 함께 놀기를 거부했고, 그 사실은 본인보다 부모에게 아프게 다가왔다. 이렇게 아이는 힘겹게, 그러나 지지 않고 미국생활에 적응해 갔다.

중학교 3학년이 된 큰아들과 필자는 이미 학위과정을 마친 아내와 초등학생인 작은 아들이 귀국함에 따라 졸지에 해외에서 '부자만의 자취생활'을 하게 됐다. 남자 둘이 하는 생활은 좌충우돌 그 자체였다. 하루 세 끼의 식사와 집안 청소, 빨래, 각종 공과금 납부 등 삶의 무게는 힘들게 유학생활 막판을 이끌어가던 중년의 사내에게는 악전고투의 연속이었다. 그리고 매일매일의 전쟁 같은 생활은 언제나 패배로 귀결됐다. 고립됐다는 소외감에서 오는 우울함과 학업 스트레스, 미래에 대한 불안감에 짓눌리는 아빠와 엄마의 부드러운 보살핌 대신 '투박한 배려'에 시달리는 아들의 생활은 '불협화음 속의 불안한 동거'로밖에는 달리 표현할 수 없었다. 더욱이 기가 막힐 정도로 기묘한 상황은 탈출구가 없어 보였다. 영화에서 봄직한 멋있는 장면을 나름 흉내 내느라 가끔 이웃 아파트 단지의 테니스장에서 몰래 야간 테니스를 치거나 또 아주 가끔 캐치볼catch ball을 했다. 그런데 이 같은 '부자간의 운동' 시간은 늘 또 다른 문제를 만들어 냈다. 아빠는 늘 제대로 하지 못하는 아들의 플레이에 화를 냈고, 아들은 늘 그런 아빠에게 불만을 표시했다. 웃자고 집을 나섰지만 우리는 늘 서로에게 화를 낸 채 집으로 돌아왔다. 그러던 1월 말 어느 날. 논문 마무리로 골치 아파하던 아빠에게 아들은 불쑥 "나 골프부 들어갈까?"라고 물어봤다. '웬 골프? 치지도 못하면서…' 그러나 의지가 확고해 보였고 '까짓 미국학교 골프부야 누구나 할 텐데 못할게 뭐냐'는 생각에 오케이 사인을 줘 버렸다. 그러나 알고 보니 골프부는 아무나 들어갈 수 없었다. 테스트를 통과해야만 했다. 마침 초등학교

때부터 골프를 가르치려고 준비해 놓은 채가 있긴 있었다. 물론 본인이 원치 않아 창고에서 먼지만 뒤집어쓰고 있었지만. 블루밍턴Bloomington의 위도는 대략 철원쯤 되는데 서울보다는 훨씬 춥고 눈도 많이 왔다. 그래도 우리는 매일 연습장에 가서 속성 연습을 했다. 귀가 떨어질 듯이 아프고 손이 곱아 클럽을 잡기 어려워도 나갔다. 모르겠다. 왜 그리 열심히 연습을 했는지는. 어두울 때까지 부자는 골프장을 헤집고 다녔고 키는 여전히 초등학생만 하지만 그래도 힘은 초등학생보다 세진 큰애는 열심히 드라이버를 휘둘렀다. 일주일의 연습 끝에 마침내 맞이한 테스트 데이. 수업이 끝날 시간에 맞춰 드라이버와 퍼터, 아이언 4개와 우드로 이뤄진 세트를 가지고 도착했더니… OMG!!! 빵빵한 클럽 세트와 전문적인 지도를 받았음에 틀림없는 건장한 청년 23명이 그 자리에 있는 것이 아닌가. 뭔가 잘못 짚어도 크게 잘못 짚은 것이 틀림없었다. 내색도 못하고 망연자실해 있는 아빠를 뒤에 두고 아들은 씩씩하게 1번 홀 티잉 그라운드teeing ground로 걸어갔다. 코치로 보이는 사람을 삥 둘러싸고 무언가 설명을 듣는 듯하더니 아들이 부리나케 달려 왔다. "아빠, 코치 선생님이 여기 있으면 안 된대요." 그러고 보니 동양인 아빠 혼자서만 참관을 하고 있었다. 클럽 하우스 뒤로 몸을 숨겼다. 그런데 아뿔싸! 저학년이기 때문인지 가장 키가 작기 때문인지 우리 애가 첫 티샷을 준비하고 있었다. '젠장, 갤러리까지 많으니 틀렸네…'

무심코 찾아오는 '스포츠의 매력'

살다 보면 어느 순간 갑자기, 어떤 원리를 깨닫거나 과거에는 몰랐던 감정을 느낄 때가 있다. 무심히 흘려듣던 유행가 가사를 통해 '사랑의 진리'를 눈치채고 남몰래 눈물짓는 시간이 오기도 하고(실연했을 때 특히 그렇다), 『장미의 이름The name of the rose』이라는 소설을 읽다 교육의 음모를 갈파하기도 한다(살인을 저지른 호르헤Jorge de Burgos 수도사는 오늘날로 치면 교육부 장관이다). 그것이 사회의 작동 원리가 됐든, 아니면 복잡다단한 인간사에 대한 이해가 됐든 '진실의 순간moment of truth'인 것은 확실하다.

개인적으로 스포츠와 관련해 그런 경험을 한 적이 있다. 지금으로부터 35년도 훨씬 더 전인 1983년 열린 세계청소년축구선수권대회(U-20 월드컵으로 이름이 바뀌었다) 때였다. 많은 중장년층은 기억하겠지만 한국의 청소년들이 국제축구연맹FIFA이 주관한 대회에서 당시만 해도 상상도 할 수 없던 결과를 만들어 냈다. 주최국인 멕시코는 물론이고 호주와 우루과이까지 제치고 브라질과 4강전에서 만났다. 온 국민이 흥분과 긴장 속에 경기를 시청했지만 입시를 앞둔 고3 남학생들에게는 '그림의 떡'이었다. 주변의 유혹으로부터 벗어나겠다고 호기롭게 독서실에는 입장했지만 경기로부터 자유로울 수는 없었다. 대회가 열린 6월은 기말고사 기간이었다. 차마 텔레비전을 보지는 못하고 독서실을 들락날락하며 총무 형의 라디오를 엿들었다. 당시만 해도 국가 대항전에서는 늘 "고기를 먹지 못해 후반에 체력이 떨어지고, 체격 차이를 극복하지 못해 아쉽게 분루를 삼켰다"는 표현이 자연스러웠다. 대표선수들은 언제나 정신력과 투지로 근근이 버텨 나갔을 뿐이다. 어느 순간 라디오에서 흘러나오던 목소리. "아… 우리 골키퍼가 공중볼을 다투다 쓰러졌습니다… 머리에 충격을 받은 것 같습니다… 아, 안타깝습니다." 가슴이 철렁. 골을 먹은 그물보다 더 마음이 출렁거렸다. "여러분, 이문영 선수는 골대 안으로 떨어져 기절해 있습니다. 그러나 공을 잡은 두 손은 골라인 바깥쪽으로 뻗어 있습니다." 응? 이건 뭐지? 기절하는 순간에도 자신의 책임을 다하다니… 열아홉 살 청년의 심장은 마구 방망이질 쳤다. 확실히 그때였다. 스포츠에 매료된 순간이. 그때 나는 어떤 '인생 진리의 한순간'과 마주쳤던 것이다. 어느 누군가의 심장을 다시 뛰게 할 행사가 지금 광주에서 진행 중이다. 국제수영연맹FINA 세계수영선수권대회가 그 주인공. 이번 대회는 역대 최대 규모였던 러시아 카잔Kazan 대회 때의 184개국보다 많은 194개 국에서 7,467명이 모였다. 올림픽과 월드컵, 육상선수권대회와 함께 세계의 빅5 대회로 분류되는, 한국에서 열리는 최초의 '물의 제전'이다. 최근 들어 이러저러한 이유로 국제 스포츠 대회에 대한 삐딱한 시선들이 있는 것은 사실이다. 그 이유 중에는 대회 운영 경비와 경기장 문제가 크다. 이번 대회에 드는 비용은 국비 482억 원을 포함해 2,000억 원(운영비 1,219억 원, 시설비 732억 원)이 채 안 된다. 광주시장인 이용섭 대회 조직위원장은 부채 증가로 인한 재정 부담 문제가 없는 '저비용 고효율' 대회임을 공언하고 있다. 경기장도 철거되거나 재활용된다. 염주체육관의 핸드볼 경기장은 마루를 걷어 내고 2m 깊이로 땅을 파 아쿠아틱 수영장으로 변신했다. 조선대 축구장 한가운데에는 27m 높이의 타워가 설치돼 있고 선수들은 6m 깊이의 탱크로 뛰어들게 된다. 하이다이빙 경기장이다. 경기가 끝나면 풀로 쓰인 탱크는 일본으로 옮겨진다.

수영 팬이 아니더라도 전 세계 선수들의 플레이를 지켜보고 있으면 어떤 기시감(旣視感)을 느낄지 모른다. 아티스틱 수영 선수들의 동작에는 김연아의 우아한 몸짓이 있다. 수구경기에는 이강인과 U-20 선수들이 보여줬던 개인기와 팀 정신이 엿보인다. 하이다이빙 선수들은 타워 꼭대기에서 내려다보면 17m 넓이의 탱크가 세숫대야만 하다고 한다. 담력을 시험하는 그들의 짜릿함을 함께할 수 있다. 여수에서는 25km의 바닷길을 헤엄치는 남녀의 사투를 볼 수 있다. 광주에서 여름 휴가를 보내시기를. 그동안 몰랐던 수영의 세계에 빠져보시기를. 세계적인 선수들이 젊은 몸과 열정을 마음껏 과시하는 그 현장에서 새로운 경험을 해보시기 바란다.

격렬하지만 아름다운 '월드컵의 추억'

모든 스포츠 중에서 가장 격렬하지만 아름다운 동작이 축구에서 자주 발견된다는 것은 아이러니다. 체조나 피겨 스케이팅같이 미를 겨루는 종목이 아닌데다 정교한 손 대신 발을 쓴다는 점에서 그렇다. 확실히 월드컵이 열리는 기간에는 눈이 호강하게 된다. 물론 월드컵은 '육체의 향연'이면서 동시에 '말의 성찬'이 펼쳐지는 시간이기도 하다. 감독의 상대팀에 대한 평가는 포커판 프로의 표정처럼 정교하게 계산된 맛이 있고, 선수의 한마디에는 응축된 감정과 고통마저 배어 있어 감동을 주기 마련이다. 네티즌의 표현력은 가히 문학상 감인데 한국 대표팀의 독일전 결과를 '호상(好喪)', 단 한마디로 표현한 것이 대표적이다. 이번 러시아 월드컵에서는 특별히 미디어의 중계 기술이 발전하면서 숨겨져 왔던 사실들이 많이 노출됐다. 그중 하나는 선수들의 강철 같은 몸이 의외로(?) '유리몸'에 가깝다는 점이다. 한때 우스개로 자신의 주먹을 자랑할 때 '스쳐도 사망'이라는 허풍이 유통되던 시절이 있었지만 살짝 밟히기만 해도 1분씩 드러누울 때는 실소와 냉소가 겹쳐지기 마련이다. 어쨌든 이번 월드컵에 대한 개인적인 단상 몇 가지.

우선 **집중하는 인간**. 한 인간이 어떤 목표를 이루기 위해 몰두하는 모습을 지켜볼 때 우리는 숭고함을 느끼기까지 한다. 스페인전에서 11대 1로 싸웠던 호날두Cristiano Ronaldo가 세 번째 골을 넣기 위해 프리킥을 준비하던 모습을 떠올려 보자. 그의 눈과 미간 등 얼굴 전체에 드러난 표정을 지켜보다 보면 자기도 모르게 그의 성공을 기원하게 된다. 최대 시속 110km에 달한다는 그의 킥이 그렸던 절묘한 볼의 궤적. 그리고 영상을 보면 알 수 있지만 스웨덴 선수는 점프한 상태에서 필사적으로 얼굴을 꺾어 날아오는 공을 향해 안면을 들이밀고 있다. 세상에, 자동차처럼 달려오는 쇠뭉치(!)를 막기 위한 필사적인 항거라니… 그러나 인간의 노력은 매우, 자주 그리고 너무나 쉽게 좌절될 때가 있다.

섬세함과 둔탁함. 한국을 대표하는 수비수로서 독일전에서 보여줬던 장현수의 플레이는 귀감이 될 만하다. 그러나 멕시코전에서 페널티킥을 제공한 태클은 두고두고 아쉽다. 마치 블로킹하는 배구선수가 볼을 빠뜨리지 않으려 양쪽으로 팔을 벌리듯이 들어간 태클 동작은 섬세함이 부족하다고밖에는 달리 설명할 길이 없다. 일본 장인의 '철저한 철저'라는 태도와는 너무나 다른 둔탁한 동작이고 디테일에서 완성을 찾는 모습과도 너무나 동떨어졌다.

스스로에 대한 자각. 이번 월드컵 관련 뉴스 중 흥미로웠던 것은 참가국들의 경제 규모에 대한 뉴스였다. 미국의 〈비즈니스 인사이더Business Insider〉 발표에 따르면 한국의 명목 GDP(국내총생산)는 참가국 중 5위였다. 월드컵은 단순히 축구 실력만 겨루는 장이 아닌데 현장에서 직관할 수 있는 경제력, 관중의 세련된 매너, 국가의 이미지 등이 총체적으로 작동한다. 그런 점에서 우리는 FIFA 랭킹에 따라 스스로를 너무 과소평가하지 않았나 생각한다. 모든 면에서 우리는 더 앞으로 나아갈 자격이 있다.

마지막으로 추억. 공통의 경험은 추억이 되기 마련이고 추억을 공유할 때 우리는 하나가 된다. 지난 독일전 예상하지 못했던 승리를 통해 한국인이라면 누구나 행복하게 나눌 수 있는 추억을 갖게 됐다. 손흥민의 쐐기골에 우리가 얼마나 열광했던가. 물론 이 추억을 전 세계인과 함께할 수 있겠지만 아마도 독일인만은 예외일 것이다. 이제 열흘 뒤면 러시아 월드컵의 결승전을 지켜볼 수 있다. 그때 그곳에 함께 있었다는 사실을 확인하는 순간부터 우리는 서로의 앞에 놓여 있는 벽을 너무나 쉽게 허물 수 있을 것이다. 월드컵은 인류에게 자산이다.

06 스포츠를 말하는 미디어의 바른 생활

스포츠가 우리에게 제공하는 가치 중 하나는 '뼈와 피가 연출하는 드라마'다. 206개의 뼈와 5L의 피로 이뤄진 인간과 인간이 맞붙어 빚어낼 수 있는 결과는 무궁무진하다. 연출 자체가 불가능한 경연을 보도하려는 스포츠 기자의 긴장감이 커지고 있다.

스포츠 경기를 보다 보면 가끔 '진공상태'에 놓인 것처럼 여겨질 때가 있다. 불현듯 가슴속에서 올라오는 묵직한 그 무언가에 의해 먹먹해지는 순간이다. 이때 '영원 같은 찰나'를 맛보기도 한다. 남아 있는 한 방울의 영혼까지 불태우는 선수들을 보면서 뭉클해진다. 상상, 그 이상을 실현하는 신체에 넋을 잃게 된다.

소치 올림픽에서 읽고 싶은 기사는

스포츠가 우리에게 제공하는 가치 중 하나는 '뼈와 피가 연출하는 드라마'다. 206개의 뼈와 5L의 피로 이뤄진 인간과 인간이 맞붙어 빚어낼 수 있는 결과는 무궁무진하다. 연출 자체가 불가능한 경연을 보도하려는 스포츠 기자의 긴장감이 커지고 있다. 스포츠 경기를 보다 보면 가끔 '진공상태'에 놓인 것처럼 여겨질 때가 있다. 불현듯 가슴속에서 올라오는 묵직한 그 무언가에 의해 먹먹해지는 순간이다. 이때 '영원 같은 찰나'를 맛보기도 한다. 남아 있는 한 방울의 영혼까지 불태우는 선수들을 보면서 뭉클해진다. 상상, 그 이상을 실현하는 신체에 넋을 잃게 된다.

우리는 이럴 때 '나만의 순간'을 누군가와 나누고 싶고 다음 날 배달될 신문을 설레며 기다린다. '과연 현장의 기자는 무엇을 봤고 어떻게 썼을까?' 하버드대의 종교철학자 마이클 노박Michael Novak은 40여 년 전 "스포츠 기자는 인간 정신의 위대한 유산을 보존하는 수호자"라고 말한 바 있다. 확실히 스포츠 기사는 패배에 괴로워하는 선수들의 마음을 공감하게 한다. 비루한 일상에서 좀처럼 마주치기 힘든 '완벽한 순간'이 무엇인지도 깨닫게 한다. 삶에 대한 통찰력을 담은 스포츠 기사를 통해 위로를 얻고 격려받고 싶다.

소치 올림픽에서는 한국이라는 울타리를 벗어나 전 세계를 품에 안은, 폭넓은 시각에서 작성된 기사를 읽고 싶다. 여름 올림픽 관련 기사 중 '지상에서 가장 아름다운 신체'라는 주제로 작성됐던 외신은 아직까지 기억에 남아 있다. 그 기사는 장미란을 당시 출전 선수 가운데 이상적으로 발달한 아름다운 신체를 가진 선수 중 한 명이라고 극찬했다. 아마도 자국 선수만이 아닌 출전 선수 전체 명단을 책상 위에 올려놓고 썼으리라.

올림픽 같은 대형 경기를 취재할 때 기자들은 언제나 '제한된 인원과 마감'이라는 고통에서 자유로울 수 없다. 특히 한국 선수에 관한 보도만으로도 지면은 넘쳐날 것이다. 그러나 세계 속에서 차지하고 있는 한국 스포츠의 위상과 역할을 생각할 때 국내적 관심사를 넘어 세계를 굽어보며 기사를 쓸 때도 됐다.

국제적인 스포츠 대회를 보도할 때는 아무래도 민족주의적 감정에서 벗어나는 게 쉽지 않다. "개싸움이라도 한일전이라면 흥행을 보장한다"지 않나. 아마추어 골퍼가 1913년 미국인 최초로 US오픈에서 우승했을 때 미국 언론은 일제히 '우리가 영국을 격

침시켰다'며 흥분했다. 당시 대회에서 이 아마추어 골퍼는 영국 프로 골퍼와 우승을 다투고 있었다.

사실 기사를 쓸 때 우리나라와 다른 나라의 대결로 구도를 만들면 훨씬 쓰기가 편하다. 그러나 자칫 국수주의적 시각으로 기사가 흘러갈 수도 있다. 이 같은 유혹에 빠질 때 2010년 독일에서 발표한 윤리적 스포츠 보도를 위한 지침을 기억할 필요가 있다. 그 지침에는 '일체의 민족적, 국수적, 인종적, 종교적, 정치적 차별에 저항한다'는 내용이 들어 있다.

스포츠를 통한 평화와 우정의 증진이라는 면에서도 그렇고, 스포츠 팬들의 달라진 눈높이를 맞추기 위해서도 국수주의적 감정이 지나치게 배어 있는 기사는 경계해야 한다. 스포츠 기자들의 건투를 기대한다.

한일 갈등 · 후쿠시마 논란과 도쿄 올림픽

일본인들에게 올림픽은 달콤한 기억이다. 그들이 '탈아입구(脫亞入歐)'라는 꿈을 이루는 데 '64년 도쿄 올림픽'이 결정적 계기였기 때문이다. 일본인 스스로 밝히고 있는 대로 과거의 올림픽은 '경제적 성장과 기술적 진보를 이루고 전쟁의 상처를 간직한 일본 국민을 일으켰던' 기폭제였다. 그로부터 35년이 지난 지금, 일본은 두 번째 도쿄 올림픽이 '지속가능하고 정신적으로 풍요로우며 더 행복한 사회를 이끌 촉매제가 될 것'이라 선전하고 있다. 과연 이를 그대로 받아들여도 될까. 경제적(화이트 리스트 배제), 정치적(지소미아 파기) 갈등이 전면화된 지금, 한국인들은 떨떠름할 수밖에 없다. 특히 8년 전 비극인 후쿠시마 원전사고가 완전히 복구되지 않은 상황에서 대회가 치러진다는 점(야구와 소프트볼은 사고지점에서 50킬로미터 떨어진 후쿠시마 아즈마 스타디움Fukushima Azuma Baseball Stadium에서 열림)을 생각하면 대단히 우려스럽다. 비유하자면 '상한 음식을 잔뜩 차려놓고 손님을 부른 데다 덕담까지 요구한다'

는 생각을 지울 수 없다. 이미 '방사선 올림픽(www.sonnenseite.com 참조)'의 다양한 문제가 제기되고 있다. 더군다나 후쿠시마산 음식을 선수단에 제공할 것이라 공언하고 있어, '전 세계를 상대로 한 아베의 인질극'이라 해도 과언이 아니다. 이웃의 잔치라 축하하기에는 확실히 내년 올림픽은 다르다. 도쿄 올림픽을 어떻게 바라볼 것인가. 전면적인 보이콧이 답일까.

우선, 도쿄 올림픽을 전략적인 관점에서 바라볼 필요가 있다. 한국은 이미 국제올림픽위원회IOC에 '2032 남북공동올림픽개최' 의향서를 제출했고 이를 준비하는 과정이다. 올림픽 개최를 추진하는 입장에서 보이콧은 부정적 이미지를 확산시킬 것이다. 투표 과정에도 치명적으로 작용할 것이다. '멀리 보고 깊게 생각'해야 한다. 그렇다고 아베 정부의 무리수를 방관할 수만은 없다. 현실적으로 바람직한 것은 환경과 관련해 끊임없이 문제를 제기하고 사태의 심각성을 깨달을 수 있도록 국제 여론 형성에 나서는 일이다. 남의 행사에 재 뿌리는 것은 목적이 아니다. 오직 선수의 안전과 인류의 소중한 자산인 올림픽을 지키기 위해서다. 기원전부터 시작된 인류의 유일한 축제인 올림픽을 구하기 위해 누군가는 나서야 한다. 돈의 논리에 휘둘리는 IOC에 기댈 수는 없기에 우리 민간과 국가가 공조해야 한다. 물론 도쿄 올림픽에 참가한다면 반드시 짚어야 할 전제가 있다. 선수들에게 올림픽은 청춘을 담보로 모든 것을 건 일생일대의 기회다. 그럼에도 불구하고 출전을 강요해서는 안 되고, 출전하지 않는다고 비난할 일도 아니다. 예상 가능한 위험과 부작용에 대해 충분히 정보를 제공하고 스스로 선택할 수 있는 기회가 있어야 한다. 몇 가지 자료나 주는 형식적 절차에 그치지 말고 '진지하고 과학적인' 데이터를 통해 결정할 수 있도록 도와야 한다.

최근 한국의 '스포츠 풍경sportscapes'에는 과거에 볼 수 없었던 몇 가지 현상이 나타나고 있다. 그중 대표적인 것이 젊은 층을 중심으로 한 올림픽 메달에 대한 태도 변화다. 지금까지는 국가가 주도해 메달을 독려하고 이를 국민의 자부심으로 연결하는 '운동기계'가 중심이었지만 지금은 선수의 인권이 강조되고 개인의 자발적 성취가 우선시되는 '인간형 선수' 시대다. 일본이 기대하는 금메달이 30개 이상인 데 반해 한국은 5개를 예상하는 분위기다. '동경 참사'로 기억될지 모르겠다. 우리가 얼마나 담대한 자세로 받아들일지 기대되는데 도쿄 올림픽은 달라진 우리 스포츠 문화를 판별할 시금석이 될 것이다.

신종 코로나 위협과 도쿄 올림픽 흥행

2020년은 올림픽이 개최되는 해다. 그리고 올림픽이 열릴 7월을 손꼽아 기다리는 국가가 있다. 바로 일본이다. 도쿄에서 제32회 올림픽(7월 24일~8월 9일)이 열리기 때문이다.

과거 올림픽이나 월드컵 같은 국제 메가 스포츠 이벤트는 블랙홀과 같아서 모든 스포츠 관련 이슈를 빨아들였지만 요즘은 그렇게 특별해 보이지 않는다. 그러나 일본만은 사정이 다르다. 이번 도쿄 올림픽은 '2018 평창 동계 올림픽'에서 '2022 베이징 동계 올림픽'으로 연결되는 중간 과정으로 동북아 3국 올림픽 시리즈 중 하나다. 특정 지역 국가들이 집중적으로 세계적인 이벤트를 개최하는 매우 보기 드문, 사실은 사상 최초의 일이다. 이웃 국가로서 격려와 축하를 보낼 일이고, 아시아 일원으로서 박수를 쳐야 한다. 그러나 예상치 못했던 코로나바이러스 사태가 터지면서 도쿄 올림픽에 변수가 생겼다.

일본은 올림픽을 통해 '국가 재창조'를 노리고 있다. 1964년 도쿄 올림픽을 성공하며 세계로부터 '당신들이 아시아의 대표주자'라는 인정을 받으며 세계 경제 '넘버 2'까지 질주할 수 있었다. 이번 올림픽을 통해서도 '잃어버린 20년'과 '후쿠시마 원전사고'의 후유증을 말끔히 걷어버리고 싶어 한다. 경제적으로 옅어진 존재감을 회복할 뿐 아니라 그 너머까지 바라보고 있다.

일본 정부는 '힘과 기술'의 경연장에서 자신들을 증명하고 싶어 한다. 1964년 도쿄 올림픽에서 일본은 금메달 16개를 따내며 미국과 소련에 이어 3위에 올랐다. 이번에는 금메달만 30개 이상을 목표로 한다. 사실 일본의 기대는 무리가 아니다. 지난 리우 올림픽 육상 남자 400m 릴레이에서 일본은 은메달을 땄는데 미국마저 눌렀다. 당시 일본인 주자의 능력은 뛰어나지 않았지만 배턴을 주고받는 과정에 대한 연구를 '현미경적 디테일'로 진행해 시간을 단축할 수 있었다.

이번에도 연구는 효과를 볼 것이다. 일본의 연구 방향은 다양하기도 하다. 올림픽 기간에 야구와 소프트볼 경기는 원전사고 지점에서 차로 한 시간도 채 걸리지 않는 거리에서 열린다. 국기(國技)로 불리는 야구에서 일본은 금메달을 원한다. 총 6개국이 참가하는 대회의 방식은 그동안 볼 수 없었던(?) 고차원 방식이다. 출전국이 별로 없기 때문에 '최대한 많은 경기를 치르고 의미 없는 경기가 없도록' 하겠다는 방침하에 패자 부활 토너먼트까지

만들었다. 이에 따라 예선에서 3패를 당한 팀이 결승까지 진출할 수 있다. 단기전에서 약팀이 이기는 의외의 결과가 많이 나오기 때문에 최대한 시즌제 같은 효과를 보겠다는 뜻이다. 일본의 금메달을 위한 꼼수라는 의심을 받을 수밖에 없다.

어쨌든 지금은, 일본이 바람 불어 꺼질까 애지중지하는 올림픽이라는 불꽃이 신종 코로나를 맞아 흔들리는 셈이 됐다. 일본올림픽조직위원회는 별다른 움직임이 없다. 장애인 올림픽 티켓과 키즈 서포터 등에 대한 내용만 홈페이지에 올라와 있다. 한국은 국내에서 열릴 국제대회를 취소하지 않고 있다. 빙상, 여자축구, 역도, 탁구가 서울, 제주, 부산에서 열릴 예정이다. 그러나 심상치 않은 움직임도 있다.

미국여자프로골프 투어는 3월 중국 대회를 전격 취소했다. 의료계는 방역과 계절의 영향으로 아무 문제없을 것으로 예상한다. 그러나 메르스처럼 여름에도 위력적일 수 있다는 조심스러운 전망도 있다.

그렇다면 도쿄 올림픽은 흥행과 방문객 모두 큰 타격을 받을 수밖에 없다. 도쿄 올림픽의 운명은 어떻게 될까.

07 서울-평양 공동 올림픽으로 가는 길

예를 들어 1972년의 뮌헨 올림픽은 '테러 올림픽'으로, 1976년의 몬트리올 올림픽은 '빚더미 올림픽'으로 각인돼 있다. 1980년의 모스크바 올림픽과 4년 후 열린 LA 올림픽은 '보이콧 올림픽'에 불과하다. 아테네에서 열린 2004년 올림픽과 2016년 리우 올림픽은 '가난과 불평등한 올림픽'으로 남아 있다. 88 서울 올림픽? '약물 올림픽'이라는 것이 그의 평가다. 내심 '평화올림픽'이라는 답을 기대하며 평창 올림픽이 사람들에게 어떻게 기억될지 물었다. 그는 "정치적 교착을 해결한 올림픽"이라 답했다. 바라건대 14년 후 남북 공동 올림픽이 한반도에서 열린다면 반드시 '평화와 통일의 올림픽'이 되어야 한다. 그리고 이를 통해 한민족의 힘과 의지를 보여주는 기회로 활용되기 바란다.

세계성, 공시성, 그리고 특수성: 남북한 2032 공동 올림픽 개최의 의미

미디어 학자이자 비평가인 기틀린[2]은 『전 세계가 지켜보고 있다』는 책에서 거대한 미디어 조직이 반전운동이나 반핵운동을 무시, 왜곡, 조작, 선택, 강조를 통해 어떻게 '의도된' 보도를 하는지 설명했다. 요즘에도 여전히 미디어를 통한 '사실과 진실'의 구분이 우리 사회의 주요 사회적 논제임을 생각하다면, '역사는 반복될 뿐 전진하지는 않는다'는 탄식이 나올 만하다. 그러나 시카고 거리에서 1968년 처음 외쳤던 이 구호의 의미는 초고화질이 장착된 오늘날의 스마트폰으로 인해 확장, 강화됐다. 권력기관이 위로부터 아래를 감시하는 서베일런스surveillance 시대에서 아래로부터 위를 감시하는 것이 가능해진 '수베일런스sousveillance'

2) Gitlin, T.(2003). *The whole world is watching: Mass media in the making and unmaking of the new left, with a new preface*. LA: University of California Press.

시대[3]가 도래했기 때문이다. 물론 이 새로운 시대는 감시와 함께 홍보의 기능도 의미하기 때문에 '전 세계가 낱낱이 지켜보고 있고 영향 받는다'고 표현할 만하다. 이는 올림픽과 같은 거대한 국가적 차원의 이벤트가 세계적인 이벤트로 받아들여질 가능성이 더욱 커지면서 동시에 특정 국가의 의도와 목적을 관철시킬 수 있게 됐음을 의미한다. 물론 그 반대의 경우도 마찬가지다. 이벤트를 개최하는 국가가 결코 원하지 않았던 결과가 나타날 기회도 그만큼 많아졌음을 뜻한다. 그럼에도 불구하고 올림픽 같은 거대한 스포츠 이벤트는 국가와 민족과 사회를 알릴 수 있는 '실현의 장'이라 할 수 있다.

이 글을 쓰는 시점인 지금도 남한과 북한의 관계는 여전히 정치적, 경제적, 문화적, 그리고 스포츠적으로도 기로에 놓여 있다. 북한의 감시 초소GP가 폭파되고 남북을 열차로 연결하기 위한 공동 조사가 진행될 예정이지만 말이다. 그래서 지금 먼 미래의 일로만 느껴지는 2032년 하계 올림픽 공동 개최를 지금 논의하는 것은 추상적이고 원론적이지만 희망 섞인 전망일 수밖에 없다.

---

3) 구체적인 내용은 '『글로벌 미디어 스포츠: 흐름, 형태 그리고 미래(Global media sport: Flows, forms, and futures)』(2017, 명인문화사)' 참조

하계 올림픽 공동 개최의 세계성과 공시성

올림픽은 흔히 메가 스포츠 이벤트로 불린다. 그러나 올림픽 특히 하계 올림픽은 단순히 메가 이벤트로만 불리기에는 아쉬움이 남는다. 전 세계에서 열리는 수많은 이벤트를 분류한 연구에 따르면 우리가 공동으로 개최하려는 하계 올림픽은 메가를 넘어선 기가 이벤트임이 분명하다. 뮐러[4]에 따르면 전 세계에서 벌어지는 거대한 이벤트 – 월드컵, 동계 올림픽, 아시안 게임, 엑스포 등 – 는 관람객visitor attractiveness, 미디어 노출mediated reach, 비용cost, 개최지의 변화에 미치는 영향transformation 등으로 분류될 수 있다(〈표 7-1〉 참조).

표 7-1 규모에 따른 이벤트 분류 매트릭스(Müller, 2015)

size	Visitor attractiveness *Number of tickets sold*	Mediated reach *value of broadcast rights*	Cost *Total cost*	Transformation *Capital investment*
XXL (3 points) XL (2 points) L (1 point)	>3 million >1 million >.5 million	>USD 2 billion >USD 1 billion >USD .1 billion	>USD 10 billion >USD 5 billion >USD 1 billion	>USD 10 billion >USD 5 billion >USD 1 billion
Giga-event Mega-event Major event	11~12 points total 7~10 points total 1~6 points total			

4) Müller, M.(2015). What makes an event a mega-event? Definition and sizes. *Leisure Studies*, *34*, 627-642.

이벤트의 성격과 매력도에 따라 관람객의 수는 차이가 날 수밖에 없는데 당연히 미디어의 관심도 이벤트별로 다르게 나타난다. 특히 관람객은 미디어의 보도 방향에 직·간접적으로 영향을 받는 것으로 볼 수 있다. 긍정적인 반응과 '놓칠 수 없는 이벤트'라는 이미지가 미디어에 의해 형성될 수 있기 때문이다. 위 두 개의 범주가 결과로 나타나는 수치라면 비용은 불가피하게 치러야 할 대가다. 교통망, 경기장을 구축하고 조직위 등을 운영하는 데 드는 비용인데 이는 대회 운영 예산과 관련해 논란을 낳는 지점이기는 하다. 평창 동계 올림픽의 예를 들면, 전체 예산이 14조 원을 넘느냐 아니면 2조 원 중반대로 보느냐는 합의되지 않은 관점의 차이라 생각한다. 개최지에 미치는 장기적, 단기적 영향에 대한 평가는 '지역의 재탄생'을 가져오느냐에 달려 있다. 평창 올림픽에 대한 부정적인 평가가 있다면 그동안 산 넘고 물 건너야 당도할 수 있는 강원도를 "단 두 시간 만에 도착할 수 있는 지역"이라는 명제 앞에 무력화되지 않을까 싶다. 어쨌든 뮐러의 분석에 따르면 기가의 세계에 들어선 유일한 이벤트는 하계 올림픽이다(〈표 7-2〉 참조).

표 7-2 **규모에 따른 이벤트 분류**(Müller, 2015, e는 추정)

Event	Location	Visitor attractiveness	Mediated reach	Cost	Transfor-mation	TOTAL	Class
Olympic Summer Games	London 2012	3	3	3	2	11	Giga
Euro	Ukraine/Poland 2012	2	2	3	3	10	Mega
Football World Cup	South Africa 2010	3	3	2	2	10	Mega
Expo	Shanghai 2010	3	0	3	3	9	Mega
Asian Games	Guangzhou 2010	2	0	3	3	8	Mega
Olympic Winter Games	Vancouver 2010	2	2	2	1	7	Mega
Commonwealth Games	Delhi 2010	2	0	2	2	6	Major
Universiade	Kazan 2013	1	0	2	2	5	Major
Pan American Games	Guadalajara 2011	1	0	0	0	1	Major
APFC Summit	Vladivostok 2012	0	0	3	3	6	Major
European Capital of Culture	Liverpool 2008	3	0	0	2	5	Major
Rugby World Cup	New Zealand 2011	2	2e*	0	0	4	Major
Super Bowl	New Orleans 2013	0	1	0	0	1	Major

*e=estimation.

더군다나 세계 스포츠 시장에서 막강한 영향력을 점점 더 확장해가는 e-스포츠의 합류 가능성을 고려하면 하계 올림픽은 전무후무한 '기가 스포츠 이벤트'다. 골드먼삭스Goldman Sachs의 발표에 따르면 이미 2억 7,600만 명의 시청자가 있는 e-스포츠는 전통적인 프로 스포츠인 NFL(2억 7,000만 명), NBA(2억 3,100만 명), MLB(1억 1,400만 명)를 뛰어 넘어섰다. e-스포츠는 이미 자카르타-팔렘방 아시안 게임에서 시범 종목으로 채택됐는데 국제올림픽위원회IOC 입장에서는 대단히 매력적인 종목이다. 세계에서 가장 비즈니스적으로 성공한 조직인 IOC는 '조직은 반드시 끊임없이 확장하려 한다'는 생리에 충실하다. 비대화된 올림픽의 규모와 과도한 비용으로 유치 희망국이 줄어들어 골머리를 앓고 있는 IOC 입장에서 e-스포츠는 매혹적이다. 예단할 수는 없지만 인기와 흥행요소를 고려하면 e-스포츠의 올림픽 등장 가능성을 배제할 필요는 없다. 팬의 확장성이라는 측면에서 e-스포츠를 외면하기 어려운 것이 사실이고 어쨌든 이는 올림픽의 세계성을 높일 것이다.

올림픽은 많은 사람이 동시에 같은 장면을 본다는 점에서도 특별하다. 올림픽 시청자는 대회에 따라 다르지만, 리우 올림픽의 경우 세계 인구가 73억 명인 점을 고려하면 인구의 절반이 지켜봤다 해도 무리는 아니다(참고로 평창 동계 올림픽을 중계한 NBC의 미국 내 텔레비전 시청자 수는 소치 올림픽에 비해 7% 줄었지만 OTT, VOD 등을 포함하면 얘기가 달라진다. 리우 올림픽만 해도 런던 올림픽에 비해 21%나 텔레비전 시청자가 줄었지만 1억 명이 텔레비전 이외의 미디어로 올림픽을 즐겨 결과적으로 시청자가 29% 늘어난 것으로 조사됐다).[5] [6]

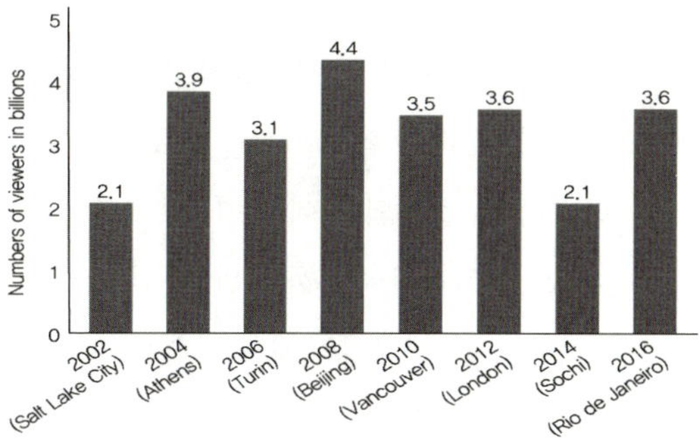

그림 7-1 **동·하계 올림픽 텔레비전 시청자 수**[5]

5) https://www.statista.com/statistics/287966/olympic-games-tv-viewership-worldwide/

6) http://www.sportspromedia.com/analysis/pyeongchang2018-olympic-broadcast-ratings-total-video

물론 이는 텔레비전 시청자만을 계산한 것이며 모바일과 인터넷, 케이블, 디지털 스트리밍 서비스 등 올림픽 뉴스에 접근할 수 있는 다양한 미디어 플랫폼을 고려하면 시청자 수는 훨씬 더 증가한다. 현재 예상대로라면 2030년의 세계 인구는 86억 명에 달할 것으로 추정된다. 플랫폼의 진화를 고려하면 '올림픽의 공시성'이 갖는 의미는 더욱 커질 것이다. 하나의 이벤트로 동시에 세계 인구 대부분의 눈과 귀를 사로잡을 수 있다는 사실만으로도 올림픽은 한반도에 중요하다.

남북 공동 올림픽 개최의 특수성

올림픽 공동 개최를 한다면 방문자들의 개인적인 체험personal experience이 중요하다. 우리는 특정 국가를 방문했을 때 각자가 겪는 경험에 따라 인상이 결정되고 이에 따라 그 나라의 국민성과 경제적 수준은 물론 문화적인 수준까지 판단한다. 그러나 보다 더 중요한 것은 파급력이 큰 미디어의 보도 방향frame이다. 미디어는 고약한 성격을 갖고 있다. 언제나 자신들의 입맛에 맞게끔 사안을 해석하고 자료를 활용하기 때문이다. 미디어의 불가측성을 전제로 하더라도 우리의 내러티브 전략은 무엇이 될 것인가를 지금부터 차근차근 확실히 정립할 필요가 있다. 세계 유일의 분단 국가로 우리가 처해 있는 특수한 상황은 확실한 차별성을 보여줄 수 있다.

평화와 함께 통일은 우리만이 내세울 수 있는 내러티브의 축이다. 올림픽은, 특히 개 · 폐막식 행사는 압축적으로 우리의 의도와 진정성을 보여줄 수 있는 기회다. 올림픽은 '거대한 프로모션 기회이자 관심을 독점할 수 있는 세일즈 행사 기간'이다.[7] 우리의 평화에 대한 열망과 분단을 넘어 통일로 가고자 하는 의지를 보여줄 수 있는 장이란 뜻이다.

사실 우리는 평화촉진과 통일의 초석을 다지기 위해 스포츠를 활용한 다각적인 노력을 끊임없이 지속해 왔다. 그 노력은 단일팀 구성, 개별 종목의 교류, 올림픽 공동 입장 그리고 올림픽 공동 개최의 형태로 진행돼 왔다. 단일팀 구성의 역사는 1960년대까지 거슬러 올라간다. 실패로 끝났지만 1964년 도쿄 올림픽 때도 단일팀 구성을 위해 노력했다. 결실은 1991년 세계탁구선수권대회와 세계청소년축구대회에서 맺어졌는데 우승과 8강이라는 성과를 거뒀다. 기억에도 생생한 평창 동계 올림픽에서는 여자 아이스하키팀이 단일팀을 구성했고 지난 아시안게임에서는 여자 농구와 조정, 카누에서 성공했다. 1972년에는 남북체육공동성명 이후 축구와 농구 종목에서 교류가 진행됐는데 1990년 남북통일축구와 1999년의 남북노동자축구대회, 통일농구대회가 대표적이다. 남북 공동 입장의 쾌거는 2000년 시드니 올림픽을 시작으로 2007년 장춘 동계 아시안게임에 이어 2018년 평창 동계 올림픽으로 이어

7) http://news.mk.co.kr/newsRead.php?&year=2017&no=253049

졌다. 또한 1990년 북경 아시안게임과 2002년 부산 아시안게임, 2003년 대구 하계 유니버시아드대회의 공동응원 모습은 2018년에도 재현돼 많은 화제와 감동을 준 점도 특기할 만하다. 올림픽 공동 개최를 위한 노력도 88 서울 올림픽 때 진행된 바 있다. 당시에는 전 세계 대부분의 국가가 참가했지만 개최 종목 배정 문제(북한은 8개 종목 요구, 남한은 4개 주장)로 공동 개최에 실패했다. 결과적으로 가장 가까운 곳에 있는 나라가 가장 먼 국가가 된 셈이었다. 때로는 미약했지만 중단 없는 노력이 있었음을 부인할 수 없다. 이 과정에서 남북한이 갖는 특수성은 세계인들의 우려와 함께 관심의 중심에 놓였던 것이 사실이다. 올림픽은 우리가 처한 상황을 이해시키고 우리의 의지를 과시하며 노력에 걸맞는 추동력을 얻을 수 있는 드문 기회다.

남북 올림픽 공동 개최의 실현을 위하여

지난 4월 한국을 방문한 데이비드 로우David Rowe 교수와 반나절을 함께 보낼 수 있었다. 스포츠의 세계화 논의에 가장 앞선 학자이기에 설레는 일이었다. 우리는 그날 오후 선비 복장으로 경복궁을 거닐며 한국의 전통을 만끽했다(매우 저렴한 가격에 한복을 입고 기분 전환할 수 있었지만 비위생적인 한복 보관방법과 탈의실 상태가 썩 유쾌하지는 않았다). 그는 하루 전 한국스포츠미디어학회가 주최한 세미나에서 평창 동계 올림픽의 의의에 대해 발표했다. 올림픽에 대한 집단적 인식은 언제나 단순하고 이 과정에서 주최국의 노력과 의도는 무시되기 마련이다. 예를 들어 1972년의 뮌헨 올림픽은 '테러 올림픽'으로, 1976년의 몬트리올 올림픽은 '빚더미 올림픽'으로 각인돼 있다. 1980년의 모스크바 올림픽과 4년 후 열린 LA 올림픽은 '보이콧 올림픽'에 불과하다. 아테네에서 열린 2004년 올림픽과 2016년 리우 올림픽은 '가난과 불평등한 올림픽'으로 남아 있다. 88 서울 올림픽? '약물 올림픽'이라는 것이 그의 평가다.[8)] 내심 '평화올림픽'이라는 답을 기대하며 평창 올림픽이 사람들에게 어떻게 기억될지 물었다. 그는 "정치적 교착을 해결한 올림픽"이라 답했다. 바라건대 14년 후 남북 공동 올림픽이 한반도에서 열린다면 반드시 '평화와 통일의 올림픽'이 되어야 한다. 그리고 이를 통해 한민족의 힘과 의지를 보여주는 기회로 활용되기 바란다. 물론 종착점에 도달하기까지는 많은 내외부의 역풍이 있을 것이다. 특히 남북한의 교류, 특히 스포츠 교류조차 거부하는 내부의 세력이 있다면 단호하게 이를 거부해야 한다. 스포츠 교류의 정치적 성과에 회의적인 시선이 있다면 그 의도를 분쇄해야 한다. 미래는 걱정할 필요가 없다. 미리 재단하거나 예

8) Rowe, D.(2018). The worlds that are watching: Media, politcis, diplomacy, and the 2018 PyeongChang Winter Olympics. *Communication and Sport, 6*(4), 1-20.

측할 필요도 없다. 왜냐하면 미래는 만들어 나가면 되기 때문이다. 남북한의 올림픽 공동 개최의 경우가 꼭 그렇지 않을까?

그림 7-2 **경복궁 인근에서 기념 촬영한 필자와 데이비드 로우 교수**

올림픽 공동 개최 '미완성 꿈' 안 되려면

인천대학교 통일통합연구원이 주최한 '한반도 평화와 통일통합을 위한 준비' 세미나에 다녀왔다. 통일 한반도의 교통 프로젝트를 어떻게 진행할지, 또 한국전쟁 종전 선언이 갖는 정치적 의미와 법적인 문제 등에 대해 학자들이 진지하게 의견을 나눴다. 특히 남북 스포츠 교류 활성화에 대한 방안도 논의했는데, 확실히 최근 들어 스포츠계를 포함해 북한 관련 세미나와 포럼 등이 이곳저곳에서 활발히 일어나고 있다. 필자는 남북 교류 증진과 통일을 위한 스포츠의 역할에 대해 토론할 기회가 있었는데 남북한 올림픽 공동 개최와 풀뿌리 스포츠 교류, 두 가지를 강조했다.

남북은 2018년 11월 2032년 올림픽 공동 개최에 대한 의지를 국제올림픽위원회IOC에 전달하기로 합의한 바 있다. 올림픽을 전문적으로 보도하는 〈인사이드 더 게임즈Inside the Games〉에 따르면 현재 인도와 호주도 참가 의사를 보였고 중국 상하이도 올림픽 개최 가능성을 위한 시설 점검에 들어간 것으로 알려졌다.

국제올림픽위원회IOC의 현 수장은 토마스 바흐Thomas Bach다. 그는 독일의 펜싱 국가대표 선수 출신으로 플뢰레fleuret 단체전 금메달리스트다. 그가 금메달을 딴 1976년에는 독일도 분단의 아픔으로 고통받고 있었고 당시 23세의 청년 또한 이를 뼈저리게 느꼈을 것이다. 그래서인지 평창 동계 올림픽 때도 그랬지만 바흐는 남북한이 처한 상황에 공감하고 문제 해결에 기여하려는 강한 의지를 갖고 있는 것처럼 보인다.

평창 동계 올림픽을 끝낸 지 얼마나 됐다고 또다시 올림픽 타령이냐는 타박이 있을지 모르겠다. 그러나 2032년 하계 올림픽 공동 개최는 전혀 다른 얘기다. 우선 앞으로 14년간 남북은 공동의 목표를 향해 함께 뛸 수 있다. 올림픽은 개최 7년 전에 총회에서 결정되기 때문에 투표가 실시될 2025년까지 남북한은 경기장, 남북 교통망, 통신 시설, 운영 방안, 안전 등 전방위에 걸쳐 회의하고 대책을 마련하게 될 것이다. 시도 때도 없이 머리를 맞대야 하고 개최지가 결정된 후에는 더욱 긴밀한 협의와 협조가 필요하다. 물론 이 과정에서 우리는 전 세계를 상대로 남북의 의지와 지혜를 보여줄 수 있다.

효과는 또 있다. 흔히 엑스포, 아시아태평양경제협력체APEC 정상회의 등 규모가 큰 이벤트를 메가 이벤트라고 하는데 하계 올림픽은 전 세계의 '기가' 이벤트다. 미디어 노출과 관람객, 개최지에 미치는 영향 등에서 내로라하는 국제적인 이벤트를 초월하기 때문이다.

일반적으로 올림픽 개최는 비용이 문제라고 하지만 남북한의 기존 인프라스트럭처infrastructure를 고려할 때 최소한의 투자 비용만으로도 가능할 것이며, 개최지 선정 전후와 준비 과정, 개막 직전과 개막 후의 홍보 효과를 고려하면 틀림없이 '이익이 되는 장사'가 될 것이다. 올림픽은 위험성은 있어도 확실히 거대한 '국가 PR' 기회이기 때문이다.

올림픽 공동 개최를 실현하기 위해서는 그간의 남북 스포츠 교류의 틀을 벗어나 민간 교류를 증진시키는 방향으로 가야 한다. 그동안 진행됐던 남북 스포츠 교류의 특징은 일회성, 톱다운top-down 방식, 보여주기식, 단일팀 구성 등 일차원적이고 평면적이었다. 다른 분야도 마찬가지겠지만 우리는 북한의 스포츠와 일반 주민들의 체육 생활에 대해 아는 것이 너무 없다. 북한의 4대 스포츠가 무엇인지 선뜻 대답할 수 있는 사람이 얼마나 될까.

케이블TV에 나온 탈북민들의 단편적인 전달로는 용어와 풍습, 기호 등 생활 전반에 대해 구체적으로 알 수 없다. 북한의 TV 보급률은 이미 100%를 넘은 것으로 추정된다. 2018년부터는 16대9 비율의 HD급 화면으로 송출하고 있다. 현재 〈조선중앙TV〉 외에 〈만수대TV〉와 〈룡남선TV〉가 있고 2015년에는 〈체육TV〉가 개국됐다.

〈체육TV〉는 인민의 체력 향상과 체육을 통한 건전한 기풍을 만들기 위해 개국된 것으로 추정되며, 제한된 시간에만 방송되지만 큰 의미가 있다. 그러나 주요 방송 내용은 무엇인지, 아나운서의 보도 방식과 용어는 어떠한지 알 수 없어 매우 궁금하다. 물론 북한 사람들에게 우리의 스포츠 상황을 알릴 필요도 있다. 정치와 이데올로기로부터 자유로운, 그러나 정서적 공감대를 형성하고 울림이 큰 일상생활에서 벌어지는 스포츠를 통한 교류는 올림픽 공동 개최 실현, 더 나아가 통일의 촉매제가 될 수 있을 것이다.

2032 올림픽 공동 유치, 냉정과 열정 사이

2019년 열렸던 북한과의 카타르 월드컵 아시아 예선 원정 경기는 '깜깜이' 경기였다. 한국의 축구팬들은 생중계로 경기를 볼 수 없었고 현장 응원도 불가능했다. 미디어에 의한 취재가 없는 스포츠 경기는 시계를 200여 년 전으로 돌린 듯 비현실적이었다(미국에서 스포츠를 취재한 최초의 전문 잡지가 등장한 해는 1829년이다). 영국 언론은 '세상에서 가장 이상한 축구 더비'라 했고, 스페인 매체는 이강인에게 '무사히 돌아오라'고 당부했다. 국내에서 "월드컵 예선도 이럴 정도니 2032년 공동 올림픽 개최는 말도 안 된다"는 볼멘소리까지 나왔다. 이해가 된다. 그러나 한반도의 평화 정착이야말로 중요한 일이고 올림픽 공동 개최가 중요한 계기가 될 수 있다는 점에서 불평만 할 수 없는 것도 사실이다. 과연 국제올림픽위원회IOC 위원이 투표로 결정하는 공동 개최가 가능하기는 할까.

2019년 여름, 국내외 스포츠 기자 10여 명을 잇달아 만날 기회가 있었다. 이들에게 올림픽 유치 가능성과 전략에 대해 질문했는데 국적에 따라 인식의 편차가 매우 컸다. 우선 한국 기자. 인터뷰한 기자들은 경력 7년 차부터 30년 차까지 다양했다. 경제지와 종합지를 비롯해 지상파 방송까지 포함됐다. 이들은 공통적으로 유치 아이디어 자체에 대해 '대단히 긍정적'이었다. 만일 개최가 확정된다면 '환상적'이라고도 말했다. 그러나 정치적 목적에서 추진된다는 점을 우려했다. 정치에 의한 스포츠의 오염은 언제나 부정적인 결과를 가져왔기 때문이다. 걸림돌은 또 있다. 예산 문제다. 알려지기로는 4조 원의 예산이면 개최가 가능하다고 하지만 언제나 그랬듯이, 대회 준비 과정에서는 기하급수적으로 금액이 늘어나기 마련이다. 공동 개최의 명분에 맞게 절반씩 낸다면 북한의 몫은 2조 원이다. 총 예산의 1%만 계산해도 400억 원인데 북한의 현 경제 사정상 가능할지 의문이다. 하지만 공동으로 올림픽을 개최한다면 북한의 개방이 불가피하고 교통과 통신, 시설 등 인프라 구축에 많은 투자가 이뤄지는 효과가 있다. 이후 남북간에 활발한 인적 · 물적 교류가 이뤄지리라 기대할 수 있다는 점에서 바람직하다. 한국 기자들은 공동 유치에 대한 합의와 준비 과정에 대해서는 비관적이었지만, 일단 결정만 이뤄진다면 유치 가능성은 낙관적이었다. 독일 출신인 현 바흐 IOC 위원장의 의지와 '평화'라는 유치 전략이 주효할 것으로 바라봤다.

외국 기자들은 어떨까. 광주에서 7월에 열린 FINA 세계수영선수권대회에는 많은 취재기자가 몰려들었다. 미디어촌에서 만난 외국 기자들에게도 같은 질문을 던졌다. 영국, 독일, 오스트리아, 벨기에, 리투아니아, 중국 등에서 온 기자들은 신문과 방송, 온라인 매체 소속이었다. 놀랍게도 2032년 올림픽 개최국으로 한국을 지목한 기자는 단 한 명도 없었다. 독일 기자는 베를린과 함부르크를 꼽았고 자국이 아니라면 "아시아가 될 것"이라고 예상했다. 그러나 중국의 상하이나 인도의 델리를 꼽았다. 그마저도 아니면 남아공의 요하네스버그를 지목했다. 대부분 비슷한 시각을 갖고 있었다. 우리의 '기대'와 그들의 '전망'은 달라도 너무 달랐다. 동유럽 출신의 기자는 "북한은 '나쁜 나라'라는 인식이 전 세계에 퍼져 있다. 인권도 제대로 보장되고 있지 않다는 점을 우리는 알고 있다. 올림픽은 인권과 평화를 위한 것인데 북한은 앞으로 최소한 수백 년 동안은 올림픽을 치러서는 안 된다"고 말했다. 기대와 달랐기 때문이라기보다는 너무나 신랄했기에 얼굴이 붉어졌다.

지난해와 올해의 희망이 무색하게도 지금의 남북 관계와 북미 관계는 경색돼 있기만 하다. 그렇다고 남 탓만 하고 앉아 있을 수는 없다. 갈 길은 멀고 시간은 얼마 남아 있지 않다. 누군가는 매듭을 풀고 한 걸음씩 앞으로 나아갈 수 있도록 나서야 한다. 그 누군가는 과연 누구인가.

평창에서 있었던 일 08

국제 규모의 메가 스포츠 이벤트는 정치로 시작해 경제적 단계로 넘어간 후 스포츠로 피날레를 장식하는 3단계 과정을 거친다고 봐도 무방하다. 이것은 정치적 의도를 가진 권력 엘리트의 기획안으로부터 시작하는데 역사적으로 일반 국민이 자발적으로 올림픽 개최 운동을 진행한 적이 있는지는 기억에 없다. 개최 움직임이 구체화되면서 경제적 이슈(주로 개최 비용과 효용성)가 떠오르고 환경 문제를 둘러싼 논쟁이 치열하게 벌어진다. 요즘은 깨어난 시민들로 인해 이 과정에서 정치적 야심이 좌절되는 경우가 많다.

평창 개막식은 서울 올림픽과 달라야 한다

올림픽이나 월드컵 같은 국제 스포츠 행사 관련 기사를 읽다 보면 그 나라 국민의 감정과 심리상태는 물론 얼굴 표정까지 보이기 마련이다. 기자의 자판에서 쏟아지는 문자를 통해 편견 등 속마음도 읽을 수 있는데 리우데자네이루 올림픽이 끝난 후 국내에 보도된 일본의 한 언론사 기사도 이런 점에서 눈길을 끈다. 보수 우익으로 정평이 난 이 신문은 리우 올림픽 결산 기사에서 한국 언론이 '괴상할 정도로' 일본에 라이벌 의식을 갖고 있고 자국의 메달 편중 현상에 '열등감'을 느낀다고 보도했다.

기초 종목에서 보여준 일본의 선전이 놀랍고 부럽기까지 한 건 사실인데 "한국은 (자신들의 성과에) 자신감을 가져도 좋다"고 충고까지 했다고 한다. 국내 SNS 서비스 회사의 '팔짱 끼고 옆을 째려보는' 이모티콘이 생각난다. 마치 "미안한데 우린 당신들 상대도 아니고 신경 쓰고 싶지도 않으니 너나 잘 하세요"라고 말하는 것 같다.

미디어 스포츠를 연구하는 학자들에게 스포츠 기사는 흥미 있는 연구 대상이다. 스포츠 미디어가 다루는 내용이 무엇인지, 그 밑에 깔려 있는 뉘앙스와 프레임은 어떤지 살펴보면 미디어의 객관적인 보도 태도나 민족주의 등 다양한 주제에 대한 인식은 물론 국민을 계도하고자 하는 의도도 엿보인다. 최근 국제저널에 발표된 2014 인천 아시안게임에 대한 중국 언론 보도 관련 논문은 이런 점에서 흥미롭다.

중국의 스포츠 미디어는 아시안 경기에 출전한 자국 선수와 외국(선수)에 대한 보도 태도가 극명하게 갈렸다. 예를 들어 중국 선수에 대한 보도 태도가 '지배', '옹호', '불만'이라는 주제로 분류된다면 한국을 비롯한 일본 등 외국 선수에 대해서는 '사기꾼', '복수', '수치'로 모아졌다. 구체적으로 "중국 선수는 한국이나 일본 선수보다 10배는 강하다(지배)"거나 "중국 선수는 뛰어난 실력 때문에 약물을 복용했을 리가 없다(옹호)"고 보도했다.

또 형편없는 성적을 기록한 축구대표팀에 대해서는 "공한증Korea-phobia에 이어 태국공포증Thai-Phobia이 생겼다"고 불만족스러움을 표현했다. 다른 나라, 특히 한국에 대해서는 항상 속임수를 쓰는 국가로 중국 선수들에게 늘 '불리한 환경과 불공정한 심판'을 제공한다고 불평했다. 이 정도면 '엄지손가락을 척 올리며 거만하게 내려다보는' 이모티콘이 떠오른다.

자국 선수와 관련이 없는 스포츠 보도라면 단연 올림픽 개막식 행사다. 선수들의 열전이 펼쳐지기 전에 열리는 데다 강렬한 인상을 줄 수 있는 카드라 개최국이 가진 '프리미엄'이다. 시간을 뒤로 돌려 서울 올림픽을 생각해 보자. 당시 미국의 NBC는 4시간, BBC는 3시간 33분, 호주의 TEN은 3시간 22분간 한국(인)에 대한 인상과 서울의 발전상을 소개했다.

개막식의 내용과 형식, 완성도 등은 온전히 개최국의 몫이라 '3시간짜리 글로벌 국가 광고' 시간이라 할 만하다. 따라서 평창 동계올림픽 개막식은 한국의 장점과 비전, 세계 속의 위상과 역할, 국가적 포부 등을 스포츠라는 큰 틀 속에서 잘 소화해내야 한다. 평창 올림픽은 도쿄 올림픽(2020년)과 베이징 동계 올림픽(2022년)이 연달아 열리는 동북아시아 올림픽 시리즈의 서막이다.

이 때문에 자연스럽게 세계인들에게는 비교의 기회가 될 것이며 호사가들의 입방아에 오르내리기 쉽다. 당연히 평창의 개막식에 대한 외국 언론의 보도 시각은 서울 올림픽과는 달라야 한다. 전쟁과 한강의 기적과 손님을 환대하는 마음으로는 더 이상 감흥을 줄 수 없기 때문이다. 그러나 최근 개폐회식 총연출가와 총감독 간의 불협화음이 불거져 나와 찜찜하다.

갈 길은 멀고 해온 일은 혼란스러워 보인다. 올림픽 개막식은 다른 어떤 것보다도 철저히 준비해야 한다. 비록 1988년 야심차게 준비했던 '화관무'가 펼쳐진 7분여 동안 NBC는 테니스 스타 크리스 에버트Chris Evert의 인터뷰 때문에 단 26초만 이를 방영했더라도 말이다.

평창, '평화 올림픽' 어젠다 꼭 이뤄져야

한 사회를 구성하는 실체는 교육, 종교, 문화, 제도 등 다양하다. 이 중 정치로부터 자유로운 것은 없지만 정치적 손익계산으로부터 자유로워야 할 것은 많다. 그중 하나가 스포츠다. 물론 스포츠가 우리 사회의 발전과 행복을 위해 도움이 된다는 전제가 있어야 함은 물론이다.

최근 평창 동계 올림픽과 관련해 문재인 대통령이 '베를린 구상'을 통해 평화 올림픽을 제안했고, 도종환 문화체육관광부 장관도 북한 선수단 참가에 대한 견해를 밝힌 바 있다. 그러나 이에 대한 일부 세력의 '딴지걸기'도 잇따르고 있다. 이들은 스포츠를 통한 남북화해는 환상에 불과하고, 스포츠가 정치를 넘어 할 수 있는 일은 없다고 주장한다. 따라서 남북한 대화를 위해 평창 올림픽을 활용하려는 노력을 중지하라고 요구한다. 과연 그럴까. 이 같은 주장에 불온한 정치적 동기는 없을까. 잠깐 시계를 돌려

2,800여 년 전, 고대 올림픽이 열리던 시절로 돌아가 보자. 그리스 남서쪽에 위치한 올림피아 계곡에서는 제우스신을 기리는 제전 경기가 열렸다. 도시국가 형태인 폴리스들은 올림피아, 피티아, 이스트미아, 네미아 등 개최 시기가 다양한 여러 행사를 개최했다. 이 중 가장 오래되고 규모가 컸던 것이 올림피아대회였다. 놀랍게도 요즘의 스포츠 풍경과 크게 다르지 않다. 선수를 매수하기 위해 뇌물을 주다 걸려 벌금을 내는 사람도 있었고, 복싱 경기에서는 요즘의 UFC(이종격투기)처럼 쓰러진 상대편에게 파운딩을 퍼부을 수도 있었다. 레슬링과 복싱을 합친 판크라티온 경기에서는 눈 찌르기와 깨물기는 엄격히 제한됐다.

영국 BBC 방송국에 따르면 알려진 것과 달리 결혼하지 않은 여자도 남자와 마찬가지로 경기장 입장이 허용됐고 제우스의 부인 헤라를 기리는 여성만의 축제도 벌어졌다. 당시 이들 도시국가는 끊임없이 전쟁을 벌였는데 흥미롭게도 올림픽이 열리기 한 달 전에는 '신성한 휴전'을 맺었다. 출전 선수와 올림픽 관광객들이 안전하게 올림피아에 모여 경기를 즐길 수 있도록 하기 위한 조치였다. 고대 올림픽에서도 정치인의 연설은 단골 메뉴였지만 올림픽과 평화는 결코 낯선 조합이 아니었던 것이다.

다시 오늘의 현실로 돌아와 보자. 지난 6월 무주 세계태권도선수권대회에 참석한 북한의 장웅 국제올림픽위원회IOC 위원은 스포츠로 남북 관계의 물꼬를 트는 것은 '천진난만한 생각'이라고 말했다. 스포츠를 통해 정치의 '물꼬'를 튼다는 생각은 어리석다고도 했다.

과연 스포츠는 정치 앞에 무력하기만 하며, 이는 북한 최고위층의 최종적인 의사일까. 국제 무대에서 북한은 '예측이 어렵고, 말이 통하지 않는 캐릭터'로 스스로 자리매김한 것 같다. 그러나 이는 노련한 배우의 전략일 것이다. 이를 통해 국제무대 출연을 보장받고 때로는 출연료까지 챙기기 때문이다. 장웅 위원의 일갈(一喝)도 이 연장선상에 있다고 봐야 한다. 극적인 변화는 언제든 가능하다. 〈노동신문〉의 '베를린 구상'에 대한 비판에서도 변화의 조짐이 보인다는 평가다. 30년 전에 열린 서울 올림픽은 이념을 넘어 동서가 참가했지만 북한은 불참했다. 또다시 북한이 참가하지 못한다면 이번 올림픽을 통해 우리는 세계만방에 무능력을 선포하는 셈이다. 스포츠는 평화를 위한 마중물도 될 수 있고, 평화의 결과물도 될 수 있다. 또 언제든지 상대와 대화를 이끌어낼 수 있는 최적의 카드다. 실생활에서도 그렇지 않은가. 비즈니스맨은 종종 설득에 앞서 스포츠를 화제로 기회의 문을 열어젖힌다.

막대한 돈을 들여 연출하는 평창이라는 무대를 단 17일간의 축제로만 끝내버릴 이유는 없다. 평화라는 어젠다는 결코 포기할 수 없고, 포기해서도 안 된다. 평창을 통해 평화로 나아가려는 시도를 정치적 당리당략에 따라 반대한다면 결단코 이에 반대한다. 혹시라도 지지율 고공행진을 이어가는 현 정권이 평창 동계 올림픽마저 성공적으로 치러내면 이후 정치적으로 입지가 좁아질 것을 우려하는 세력이 일부러 반대 목소리를 키우는 경향이 있는 것은 아닌지 염려된다.

'스포츠는 힘이 세다' 평창 올림픽 화합 기회로

국제 규모의 메가 스포츠 이벤트는 정치로 시작해 경제적 단계로 넘어간 후 스포츠로 피날레를 장식하는 3단계 과정을 거친다고 봐도 무방하다. 이것은 정치적 의도를 가진 권력 엘리트의 기획안으로부터 시작하는데 역사적으로 일반 국민이 자발적으로 올림픽 개최 운동을 진행한 적이 있는지는 기억에 없다. 개최 움직임이 구체화되면서 경제적 이슈(주로 개최 비용과 효용성)가 떠오르고 환경 문제를 둘러싼 논쟁이 치열하게 벌어진다. 요즘은 깨어난 시민들로 인해 이 과정에서 정치적 야심이 좌절되는 경우가 많다.

한국의 평창 동계 올림픽은 지금 두 번째 단계에서 세 번째 단계로 이행하는 과정이라 볼 수 있다. 여기서 잠깐, 일반인의 동계 올림픽에 대한 시각을 살펴보자. 설문조사를 한 것은 아니지만 부정적인 생각이 대부분인데 개인적으로는 다음의 세 가지 이유가 크다고 본다. 우선 동계 올림픽 종목이 친숙하지 않다. 김연아는 알아도 피겨스케이트화를 신어본 사람은 많지 않고 경쟁을 위해 스키를 타본 국민도 거의 없다. '알면 사랑하게 되고, 사랑하면 보이게 되는데' 경험이 없으니 사랑할 수가 없다. 그러나 "모든 스포츠는 재미있다"는 말로 대답을 대신하고 싶다. 또 하나 '최순실과 일당들'이 벌인 희대의 국정농단이 평창과 관련된 점도 악영향을 끼친 것으로 보인다. '생각조차 하기 싫다'가 이 부류다. 이 문제는 얼버무리기보다는 밝힐 건 밝히고 인정할 건 인정하며 솔직히 이해를 구하는 게 좋다. 다만 영화 〈넘버 3〉의 한 대사를 옮기고 싶다. 검사 최민식은 "솔직히 죄가 무슨 죄가 있어. 그 죄를 저지르는 × 같은 ××들이 나쁜 거지"라고 일갈하지 않았던가. 스포츠가 무슨 죄인가. 마지막으로 이미 쏟아부은 예산과 사후 경기장 유지 등에 들어갈 세금을 생각하면 열불이 치솟는다는 목소리가 많다. 올림픽 레거시legacy의 보존과는 별개로 경기장 활용 문제는 골칫덩이로 등장할 것이다. 물론 재정이 파탄 난 리우데자네이루 올림픽과는 확실히 다르겠지만 지속적으로 보완책이 모색돼야 한다.

다행인 것은 현재까지 온라인 입장 판매가 예상보다 낫다는 소식이다. 조직위원회는 대략 100만장(국내 70만장, 해외 30만장)의 티켓을 파는 것이 목표다. 아직 정확한 판매량을 밝힐 단계는 아니지만 설상에 비해 빙상이 호조를 보이고 있다고 한다. 물론 여전히 예산이 3,000억 원 정도 필요하다는 점은 우려스럽다.

인생사가 늘 그렇듯 위기와 기회는 공존하게 마련이다. 이번 평창 올림픽 또한 여러 가지 점에서 위기인 것은 맞지만 기회인 것도 사실이다. 우선 스포츠는 언제나 국민을 위무해왔다. 국제통화기금IMF 구제금융 시절 우리는 "괜찮아요. 다시 일어설 수 있어요"라고 소곤거리는 듯한 박세리와 박찬호로부터 얼마나 위안을 받았던가. '스포츠는 힘이 세다.'

필자는 대학 시절인 1987년 거리에서의 항쟁을 또렷이 기억한다. 그리고 1년 후 단군 이래 최대 행사라던 하계 올림픽이 성공적으로 치러졌다. 그로부터 30년이 흐른 지금, 광장에서 들었던 겨울의 함성 또한 아직 쟁쟁하다. 묘하다. 그때는 됐고 지금은 안 될까.

기본적으로 평창 동계 올림픽은 우리가 세계로부터 돈 주고 산 거대한 프로모션 기회이자 관심을 독점할 수 있는 세일즈 행사 기간이다. 간접자본 등을 제외한 순수 올림픽 예산은 2조 8,000억 원이다. 세계인에게 마음껏 자랑하고 우리가 가진 것을 실컷 보여준 후 철저히 투자금을 회수할 찬스다. 또 2년 주기로 연달아 도쿄와 베이징에서 열리는 '동북아 올림픽 시리즈'인 점도 잊지 말아야 한다.

평화는 침략의 역사가 없는 우리가 독점할 수 있는 브랜드다. 이번 올림픽이 평화 올림픽으로 자리매김된다면 통일에 대한 의지도 과시할 수 있고 기반을 다지는 지렛대로도 삼을 수 있다. 5월 9일 대선이 끝나면 새로운 정치 환경이 조성될 것이다. 새 정부는 동계 올림픽을 '우리들의 축제'로 돌려주기 바란다.

평창 동계 올림픽 개최국에 필요한 '당당한 매너'

독자 여러분에게 퀴즈 하나. 만일 지금 당장 평창 동계 올림픽을 치를 수 없게 됐다는 소식을 들으면 의자에서 굴러 떨어질 만큼 깜짝 놀랄 사람은 누구일까?

얼마 전 올림픽 레거시를 주제로 한 드림투게더 서울 포럼에 참석했다. 올림픽 개최국인 캐나다와 영국 올림픽 관계자, 싱가포르의 IOC 집행위원, 도쿄 올림픽 홍보국장 등이 참가했다. 행사 후 30여 명이 만찬에 초청됐는데 그 자리에서는 '가볍고 비공식적인' 얘기들이 오갔다. 당시 밴쿠버 동계 올림픽 조직위원장 옆자리에 앉았던 동료 교수로부터 흥미로운 얘기를 전해 들었다. 초로(初老)의 캐나다인이 주장하길 올림픽의 성공은 개최국뿐 아니라 IOC에게도 매우 중요하다는 것. 그렇기 때문에 우리의 생각 이상으로 개최국이 입장을 개진할 여지가 많다는 것이다. 그는 "지금 한국 조직위원회가 얻고 싶은 것이 있다면 IOC를 최대한 강하게 밀어붙

여야 한다"고 강조했다. 개최국이 소위 '배 째라 정신'으로 나가면 나갈수록 입지가 넓어진다는 지적이다. 일리 있는 조언이다. 따라서 퀴즈의 정답은 자연스럽게 국제올림픽위원회IOC 토마스 바흐 위원장이 아닐까 싶다. 지금도 여전히 협상과 타협이 진행되는 만큼 "노!"라는 말을 전략적으로 사용할 필요가 있다. 특히 여기저기서 들리는 올림픽 파트너(스폰서)들의 지나친 요구와 IOC의 권위주의적 행태를 생각하면 더욱 그렇다. 그동안 협상의 성과도 있었겠지만 속수무책으로 당한 드러나지 않은 사례들이 많을 것이다.

이와 관련해 우리 마음속에 자리 잡은 '오래된 습관'을 얘기하고 싶다. 10년 전 마이크로소프트 본사에서 일하던 한국인 후배로부터 직접 들은 이야기이다. 어느 날 본사에서 아시아인에게 불리한 정책을 시행하기로 했다고 한다. 한중일 3개국 출신의 엘리트들은 어떻게 반응했을까? 중국인은 그 자리에서 대놓고 불평하며 거칠게 반응해 자신들이 원하는 바를 관철시켰다고 한다. 반면 일본인 직원들은 그 자리에서 웃는 낯으로 '예스' 한 후 자기들끼리 작전을 짠 후 차근차근 추진해 원하던 바를 얻어냈다. 한국인 직원의 대응? 일단 아무 의사표시 없이 지켜본다. 그러다 두 나라 직원들이 결정한 상황대로 따라간다. '존재의 투명화'를 생존 전략으로 선택한 셈인데 지금은 어떻게 변했을지는 모르겠다.

우리는 '세계를 경략해 본 기억'이 없다. 그렇기 때문인지 국제무대에서 제 몫 찾기에 실패하는 경우가 많다. 달라진 '위상과 역할'에도 불구하고 주도적으로 만들어 나가기보다는 스스로 주변인화하려 하고 종속변수를 자처하는 경향이 있다. 이는 노골적으로 얘기하지 않을 뿐이지 '우리 마음속의 사대주의'가 여전하기 때문인 것 같다. 종종 보도되지만 인종과 경제력이라는 척도에 따라 외부인을 대하는 태도가 달라지는 사례가 많은 것을 봐도 그렇다. 국적과 피부색에 따라 '환대와 경멸'이 교차한다는 것은 여전히 사대주의로부터 자유롭지 못하다는 뜻이다.

동계 올림픽 개최는 그 자체만으로도 자부심을 가질 만하다. 우리는 13조 원이라는 막대한 돈을 들여 판을 사들였고 기술력과 경제력, 문화의 저력을 자랑할 수 있는 기회를 얻었다. 따라서 "어쩔 수 없으니 잘해야 한다"가 아니라 이제는 적극적으로 "얻어낼 걸 최대한 얻어 내자"로 전환해야 한다. 마침 도핑과 관련해 러시아 문제가 불거진 것도 기회다. 흥행에 대한 우려로 전전긍긍할 것이 아니라 선제적으로 '클린 올림픽'을 선포하고 이를 평창 올림픽의 특징으로 삼아 역사에 남길 방안을 고민해야 할 때다.

개인적으로는 평창 동계 올림픽에서 우리가 과거에 비해 얼마나 당당하고 자신감 있는 태도를 보일지 궁금하다. 이번에도 당연히 많은 일들이 일어날 것이다. 늘 있었던 심판 판정은 물론이고, 여러 민족이 모이면 나타나는 '매너와 예의' 문제, 성소수자 이슈도 나타날 것이다. 이들 문제를 대하는 모습에서 우리의 변화된 모습을 볼 수 있지 않을까 기대한다.

색다른 외국 문화 체험의 場… 올림픽 자원봉사

거대 스포츠 행사가 진행되기 위해서는 선수와 팬, 조직, 미디어, 그리고 자원봉사자가 필요하다. 이 중 자원봉사는 미디어나 조직위원회 관계자처럼 직업으로 하는 일도 아니고, 스포츠 팬의 개인적 취향과도 거리가 멀다. 오히려 어느 곳에나 있지만, 눈에 띄지 않는 투명한 존재에 가깝다.

필자는 지난 1일부터 평창 동계 올림픽 자원봉사를 시작했다. 이른바 회원 1만 5,000명의 '자봉클럽'에 가입한 셈이다. 조직위는 '자봉인'을 위해 별도 모바일 애플리케이션(앱)을 운영하며 이들을 취재하는 언론을 돕고 있다.

직접 경험하다 보니 몇 가지를 알게 됐다. 첫째, 올림픽 자원봉사는 저렴하게 외국을 체험할 수 있는 '블루오션(blue ocean, 유망한 시장)'이다. 이번 대회에는 800여 명의 외국인 봉사자가 참가했다. 뚜렷한 대가 없이 자기 돈을 들여 남의 나라 축제를 위해 봉사하는 그들이 처음에는 이해되지 않았다. 그러나 자원봉사는 그들에게 싼값에 해외생활을 체험하고 외국 문화를 즐기며 친구도 사귈 수 있는 '일석삼조'의 기회였다. 체류 기간에 먹여 주고 재워 주는 이 거대한 이벤트를 그야말로 '은밀하고 위대하게' 그들만의 방식으로 활용해왔던 것이다.

중세시대 영국의 귀족들은 자녀를 외국으로 보내 교육시켰다고 한다. 21세기인 지금은 경기장 곳곳에 중국인 자원봉사자들이 넘쳐 난다. 한국의 젊은이들도 앞으로는 비행기표 달랑 들고 도쿄와 베이징, 파리와 로스앤젤레스를 휘젓고 다녔으면 좋겠다.

둘째, 자원봉사자들의 처우에 대한 오해와 진실이다. 확실히 이곳의 교통은 큰 문제다. 셔틀버스 시간을 제대로 알기도 어려웠고 자주 바뀌는 데다 기다리는 시간과 이동거리가 지나치게 길다. 개막식 행사팀이 한때 보이콧 움직임을 보였던 것은 번번이 밤 10시 이후에 두 시간 넘게 차를 기다려야 했던 데 대한 문제제기였다. 취재를 위해 편도로 4시간씩 걸리는 우리팀 기자들의 고충은 일부 문제니 논외로 치더라도 조직위는 교통문제라는 덫에 제대로 걸려들었다. 이후 추가로 버스가 투입되고 시간도 조정되면서 다소 나아지긴 했다.

방한(防寒)과 관련해 지급된 옷에 대한 지적도 많았다. 이는 근무 형태에 따라 불만과 만족의 갈림길에 놓여 있다고 볼 수 있다. 패션의 관점에서 보자면 올해 우리의 옷은 1990년대 한국 대표팀의 공식 방한복이 외국인들이 교환을 거부한 기피 대상이었다는 전설(?)을 무색하게 할 정도로 괜찮다.

무성한 악플과 동정까지 유발했던 문제의 음식. 필자는 국내외 여러 대학에서 밥을 먹어본 나름 '(대)학(음)식 전문가'다. 이번에 맛본 음식은 그 어느 곳에서 먹었던 '학식'보다 괜찮다. 결코 '겸손한 입맛'으로 치부하지 마시길. 식사의 질에 관한 일부 보도는 악의적이거나 불성실한 취재에 가깝다.

어느 날 저녁, 감자탕이 나왔을 때 외국인들의 식판을 유심히 살펴봤다. 매우 정교하게(?) 살을 발라 먹고 뼈만 남긴 이가 대부분이었다. 물론 젓가락만 대다 만 식판도 있었지만 '로마에 와서 로마의 음식이 싫다'면 어쩔 수 없는 일 아닌가.

자원봉사자 열에 여덟은 대학생이라 그 이유도 궁금했다. 봉사학점이나 스펙을 쌓는 것이 목적이리라 생각했다. 이리저리 물어보니 "평생 다시 못 볼 기회를 즐기고 싶었다"거나 "페어플레이 현장을 직접 보고 싶다"고 답했다. 동기는 순수하고 의도는 아름답다. 경영학을 전공하는 한 여학생 봉사자는 캐나다의 아이스하키 선수 이름을 줄줄이 대더니 기어코 "곽윤기를 현장에서 꼭 보고 싶다"고 말했다. 이쯤 되면 그 누가 한국이 동계 올림픽의 불모지라고 말할 수 있겠는가.

아무도 '노래하지 않는 영웅들unsung heroes' 자원봉사자. 그들을 바라보며 희생과 헌신, 노고 그리고 즐거움이라는 단어를 생각한다.

영웅, 도핑, 귀화 그리고 리더십 09

<네이처Nature>가 브레인 도핑에 대한 확장된 개념을 게재했다. 현재 미국과 영국 등에서 진행 중인 연구인데 운동을 관장하는 두뇌의 특정 부위에 전기 자극을 줘 선수의 기능을 향상시킨다는 것이다. 즉 두뇌에서 '아직 더 뛸 수 있다'는 신호를 보내 자전거 페달을 더 오래 밟게 한다거나 스키 점프 선수의 균형감과 점프력을 증진시키도록 두뇌를 자극하는 것이다. 논란은 있겠지만 다른 차원의 도핑일 수 있다는 점에 힘이 실린다. 새로운 실험과 기술에 대한 노력은 인정한다. 아직까지는 효과도 불확실하다.

그러나 '도핑 제국주의'의 다른 모습이 나타나는 것은 아닌가 염려스럽다. 약물에 관해 기술적으로 앞선 나라들이 상당 기간 비교적 자유롭게 도핑을 사용하며 국위선양(?)에 활용해 왔는데 이를 제재하게 되기까지는 오랜 시간이 걸렸다.

예우와 아쉬움 사이… 이승엽을 떠나보내던 날

어떤 조직에서든 아름답게 퇴장하는 모습을 보는 것처럼 흐뭇한 일도 많지 않다. 한때는 주역이었던 사람이 제대로 된 인사도 없이 황망히 떠나는 뒷모습만을 남길 때, 떠나보내는 자와 떠나는 자 모두에게 고통스럽기 때문이다. 그런 점에서 지난 추석 연휴 기간에 있었던 이승엽의 은퇴식은 특기할 만하다. '살아서 이미 전설'이 된 선수에 대한 구단의 예우와 정교한 은퇴 시나리오는 야구팬의 감동을 불러일으켰다. 국내 스포츠계에 있었던 최고의 은퇴식 장면으로 기록될 것이다. 특히 미디어가 보인 관심을 보면 확실히 스포츠가 우리 사회에서 차지하는 비중이 과거와 다를 뿐 아니라 스포츠계가 '은퇴라는 이벤트'를 활용할 줄 알게 됐다는 점도 느끼게 한다. 이를 받아들이는 사회의 품도 훨씬 넉넉해졌다는 생각도 든다. 연말이면 기업체와 공직사회에서 많은 '일상의 영웅'들이 커튼 뒤로 사라질 텐데 스포츠 문화의 한 부분에서 일어난 변화가 사회에 긍정적으로 작용했으면 한다. 이는 예의와 신뢰의 문제이기 때문이다.

물론 이승엽의 은퇴식을 지켜보면서 아쉬운 부분도 있었다. 우리는 고도로 훈련된 선수의 플레이에서 쾌감을 느낀다. 일종의 '미적 체험'이라 불릴 만한데 간결한 스윙 동작이나 찰나의 순간에 폭발적으로 힘을 활용하는 기술, 미묘하게 관절과 근육을 사용하는 모습은 감동스럽다. 스포츠 영웅은 동작과 기술뿐 아니라 말과 글로도 종종 우리의 감정을 휘젓기도 한다. 마이클 조던이 은퇴를 번복하고 다시 코트로 돌아올 때 한 말은 "내가 돌아왔다(I am back)"이다. 이 얼마나 멋진 말인가. 그 절대적 권위와 존재감. 어떤 기업의 맹렬 여성 임원이 '이 구역의 미친년은 나다'며 호기롭게 외쳤다지만 이처럼 자신의 존재를 드러낼 수 있는 직장인이 얼마나 될까? 타이거 우즈는 프로 선언을 할 때 "헬로 월드(Hello world)"라고 인사했다. 당시 스무 살의 청년은 원고를 두어 번 잘못 읽는 실수를 할 정도로 여렸지만 절대적인 자신감이 넘친다. '자, 지금부터 여러분은 저를 주목하셔야 됩니다. 준비되셨습니까?'라는 포부가 느껴지지 않는가. 이제 막 새로운 세계의 문을 여는 청년들에게는 부럽기만 한데 오직 준비된 자만이 할 수 있는 특권이다. 코비 브라이언트는 자신의 은퇴를 시poem로 알렸다. '사랑하는 농구에게'라는 제목으로 어린 시절 돌돌 말린 아버지의 양말을 던지던 시절부터 시작해 농구에 마음과 몸, 정신과 영혼을 바쳤던 스스로를 얘기했다. 땀과 상처로 플레이했던 그는 농구에 심장을 바쳤지만 자신의 몸은 이제 안녕을 얘기한다고 표현했다.

이승엽의 은퇴 소감으로 돌아가 보자. 필자는 23년간 한국과 일본에서 활약한 이승엽의 마지막 메시지가 무엇보다도 궁금했다. 이승엽과 관련된 잊지 못할 장면 중 하나는 2008년 베이징 올림픽 준결승전에서 일본을 꺾는 홈런을 날린 후 가진 인터뷰였다. 일본전까지 1할 대 타율로 마음고생하던 그는 마이크 앞에서 "미안해서…"라며 말을 잇지 못하고 굵은 눈물만 뚝뚝 흘렸다. 책임감과 동료의식 때문에 말을 이을 수 없었을 것이다. 그때 그가 느낀 소회를 표현했으면 어땠을까. 또 한국의 대표 타자라는 이름으로 일본에서 느꼈을 중압감을 그는 어떻게 이겨냈을까. 궁금하다. 혈기왕성한 젊은이로서 수도승처럼 살면서 깨달은 인생의 진리는 또 어떤가. '진정한 노력은 결코 배신하지 않는다'는 그의 좌우명과 함께 그가 우리에게 꼭 전달하고 싶었던 개인적 메시지는 없었을까.

은퇴 소감에서 이승엽은 구단과 야구계 선후배, 팬들에게 빠짐없이 감사의 인사를 남겼는데 '모범생 강박관념'이라 말해도 무리가 없을 정도다. 어쩌면 감정이 벅차올라 본인만이 할 수 있는 말을 못했는지도 모르지만 '관리의 삼성'이 치밀한 각본을 짜다 보니 그랬던 건 아닐까. 오롯이 그만이 남길 수 있는 말을 할 기회가 주어졌다면 은퇴식은 훨씬 더 풍부한 스토리와 감흥을 남겼을 것 같아 아쉽다.

어쨌든 우리 사회는 은퇴하는 스포츠 영웅에 대해 축복하고 감사하는 시간을 가질 만큼 충분히 성숙했다. 이제는 이들을 소중히 지키고 가꿔 나가는 데까지 진전될 필요가 있다. 위대한 선수는 사회적 자산이다. 사회는 그들이 거둔 업적과 성실한 모습은 물론 교육적 영향력을 활용해야 한다. 그러나 우리 사회는 과거 차범근이나 홍명보의 예에서 보듯이 이들을 지키는 데 소홀한 측면이 있다. 이승엽이라는 이름이 우리 사회에 '전설'로 충분히 남을 수 있도록 야구계와 팬과 사회가 지켜줄 필요가 있다.

수영 박태환 올림픽 출전: '스포츠 영웅'에 인색한 한국… 세계 기준에 맞게 규정 고쳐야

'박태환 논쟁'이 뜨겁다. 스포츠의 핵심인 '공정성'과 글로벌 사회에서 준수해야 할 '국제 기준'이라는 두 개의 가치가 충돌하기 때문이다. 결국 선택의 문제인데 상황을 정리하면 이렇다. 대한체육회는 "폭력행위, 성추행, 도핑 등으로 징계를 받으면 징계 만료 후 3년간 국가대표로 선발될 수 없다"는 입장이다. 또 "특정 선수 때문에 규정을 바꾸는 것은 공정치 않다"고 밝히고 있다. 반대 측은 "세계반도핑기구WADA로부터 이미 18개월의 출전 정지를 받았기 때문에 대한체육회 징계는 일사부재리 원칙에 따라 무효"라고 판단한다. 여기에 대한체육회는 "WADA의 국제 코드를 따르기로 사인한 상황이라 규약을 어기는 것"이라는 주장이다.

여기서 두 개의 질문을 던져 보자. 박태환의 올림픽 출전은 불가능한가? 현재로선 그렇다. 그러나 경기력향상위원회 심의를 거쳐 스포츠공정위원회가 선발 규정을 고치면 가능하다. 다음 질문. 대한체육회가 규정을 고치지 말아야 할 특별한 이유가 있는가. "박태환이라는 선수 때문에 규정을 바꾸는 것은 공정하지 않다"고 한다. 전제가 틀렸다.

이는 박태환만의 문제가 아니다. 왜냐하면 국가대표는 앞으로도 계속 선발해야 되고 도핑 문제는 언제든지 불거질 수 있기 때문이다. 특정인을 운운할 상황이 아니다. 국가대표 선발 규정이 만들어진 2014년으로 돌아가 보자. 당시 공청회 등 필요한 절차를 밟아 '충분히 심도 있고 사려 깊게' 제반 상황을 검토했는지 의문스럽다(반사회적 범죄인 성추행과 선수로서 실수라 할 수 있는 도핑을 똑같이 취급한 점을 보라). 어차피 손봐야 될 규정이다. 선진 스포츠 행정을 표방하는 대한체육회가 글로벌 스탠더드global standard 앞에서 머뭇거릴 이유가 없다.

우선 두 가지를 짚고 넘어가자. 첫째, 도핑에 적발되면 (그 과정에 관계없이) 전적으로 선수의 잘못이다. 박태환은 근육 강화제(테스토스테론)를 복용했다. 그의 책임이다. 둘째, 잘못을 저지른 선수는 책임을 져야 한다. 국제수영연맹FINA은 18개월의 자격정지를 내렸다. 지난 3월 징계는 끝났다. 2011년 '도핑으로 6개월 이상 징계받은 선수는 올림픽에 나갈 수 없다'는 '오사카 룰'이 폐지됐고 2013년 요하네스버그 컨벤션이 '이중처벌은 안 된다'고 정리한 부분도 반영됐는지 궁금하다. 더욱이 '대한체육회와 껄끄러웠던 도핑 선수의 국가대표 복귀를 막기 위해 당시 밀어붙였다'는 보도까지 접하고 나니 더욱 고개가 갸웃거려진다.

'미디어 스포츠'를 연구하는 입장에서 우리 사회는 스포츠 영웅에 너무 인색하다는 느낌이다. 영웅이 있는 사회는 낭만이 살아 있고 그만큼 풍요로운 사회 아닐까. 우리는 '사회적 자본'인 스포츠 영웅을 그동안 너무 많이 잃어버렸다. 아무리 '노력해도 안 된다'는 '헬조선'에서 젊은이들은 좌절한다. 그러나 박태환은 '학벌'이나 '금수저'라는 배경 때문이 아니라 오롯이 자신의 노력으로 그 자리에 올랐다. 올림픽이야말로 명백한 인간 노력의 경연장이다. 영웅에게 퇴장할 기회를 주자. 설사 그가 빈손으로 돌아오더라도 원망하거나 비난하지도 말자. 그것이 스포츠 영웅에 대해 우리가 갖출 수 있는 최소한의 예의이기도 하니까. 박태환을 리우로 보내라.

'걸리기 전까지 먹는다'… 스포츠 도핑의 흑역사

스포츠 세계에서 도핑doping이 주는 유혹은 강렬하고, 결과는 달콤하다. 물론 대부분은 파국으로 끝나기가 쉽다. 그러나 몇 년 전 미국의 한 잡지가 실시한 설문에서 '특정 알약을 먹는다면 반드시 금메달을 딸 수 있다. 그러나 7년 후 부작용으로 죽는다. 당신은 이 약을 먹겠는가'라는 질문에 80%가 넘는 선수가 복용하겠다고 응답했다고 한다. 그만큼 매혹적이다. 도핑은 기량 향상을 위해 금지된 약물을 사용하는 행위인데 테스트만 통과한다면 이루고자 하는 꿈이 현실이 될 수 있어 금지된 선을 넘기가 쉽다. 이 때문에 도핑 문제는 단순히 죄를 지은 범인과 이를 잡으려는 조직 간의, 선악이 분명한 단순 수사극으로 생각하기 쉽다.

그러나 범죄의 원인이 단순하지 않듯이 스포츠 도핑도 복잡한 구조를 갖고 있다. 무엇보다 스포츠 비즈니스와 관련 있는데, 개인의 욕망이 출발점이지만 거대한 스폰서의 압력이 작동하고 팬의 기대를 충족시켜야 한다는 절박감도 있으며 팀(원) 간의 경쟁과 알력도 얽혀 있다. 과거의 동독은 물론 최근 러시아의 예에서 볼 수 있듯이 때로는 국가가 조직적으로 관여하기도 한다. 그렇기 때문에 범죄심리 스릴러이면서 동시에 음모가 판치는 월스트리트 리포트이기도 하며 과학이 등장하는 SF이기도 하다. 이 첨예한 음모를 막기 위해 세계도핑방지기구WADA 같은 조직은 과거까지 추적하고 있으며, 한국도핑방지위원회KADA는 2017년 도핑방지를 위한 모바일 앱까지 출시했다.

사실 쫓고 쫓기는 '더러운 숨바꼭질'인 도핑의 역사는 꽤나 길다. 스칸디나비아 신화에는 정신이상을 감수하고 힘을 키우기 위해 광대버섯을 섭취하는 모습이 등장하고, 고대 그리스 올림픽의 또 다른 이름은 도핑 올림픽이다. 심지어 로마의 전차 경기에 출전한 선수들도 특정 풀을 달인 차를 마시고 말을 몰았다. 근대에 들어서는 다양한 약물이 등장했는데, 1807년 런던에서 열린 장거리 경주에 참가한 선수는 아편을 먹고 24시간을 쉬지 않고 경기해 500마일을 완주했다는 보고가 있다. 1865년 수영 경기에서 카페인 섭취가 문제된 이후 1887년 암페타민amphetamine이 발견됐고, 1930년대 테스토스테론testosterone, 1950년대 아나볼릭 스테로이드anabolic steroid 등 고통을 줄이고 피로를 감소시키는 약물은 끊임없이 공급됐다.

도핑은 스포츠를 불공정하게 만들어 온 여러 주범 중 하나이다. 그리고 일부 스포츠 선진국(또는 과학기술 선진국)이 도핑을 주도적으로 실시해 온 것도 사실이다. '먼저 개발해 (발각되기 전까지) 효과를 즐긴 선수(국가)'의 명단에는 옛 동구권뿐 아니라 미국을 중심으로 한 선진국들이 꽤 들어 있다. 이들은 뒤늦게 문제의 심각성을 깨닫고 규제에 나서고 있지만 허점을 파고드는 신제품 또한 이들 나라에서 여전히 개발, 발굴되고 있다.

여기에 새로운 현상이 나타나고 있다. 영국의 BBC는 2014년 스테로이드같이 신체적으로 영향을 주는 금지 약물이 아닌 정신적인 효과를 줄 수 있는 약을 사용하는 브레인 도핑brain doping에 대해 보도했다. 주의력결핍과잉행동장애ADHD를 앓고 있는 환자들에게 필요한 약을 먹고 경기 중 집중력을 높인다는 등의 내용이다. 급기야는 2016년 〈네이처Nature〉가 브레인 도핑에 대한 확장된 개념을 게재했다. 현재 미국과 영국 등에서 진행 중인 연구인데 운동을 관장하는 두뇌의 특정 부위에 전기 자극을 줘 선수의 기능을 향상시킨다는 것이다. 즉 두뇌에서 '아직 더 뛸 수 있다'는 신호를 보내 자전거 페달을 더 오래 밟게 한다거나 스키 점프 선수의 균형감과 점프력을 증진시키도록 두뇌를 자극하는 것이다. 논란은 있겠지만 다른 차원의 도핑일 수 있다는 점에 힘이 실린다. 새로운 실험과 기술에 대한 노력은 인정한다. 아직까지는 효과도 불확실하다.

그러나 '도핑 제국주의'의 다른 모습이 나타나는 것은 아닌가 염려스럽다. 약물에 관해 기술적으로 앞선 나라들이 상당 기간 비교적 자유롭게 도핑을 사용하며 국위선양(?)에 활용해 왔는데 이를 제재하게 되기까지는 오랜 시간이 걸렸다. 브레인 도핑 또한 이와 마찬가지의 과정을 거칠 것이라 예상된다.

불공정 게임, 도핑:
근절돼야 할 스포츠계의 적폐

스포츠 도핑의 흑역사

스포츠 도핑은 단순히 개인의 일탈이나 실수로 치부되기에는 너무나 복잡한 양상을 띠고 있다. 도핑의 역사는 고대 올림픽이 열린 2,800여 년 전까지 거슬러 올라가야 될 정도로 유구한데 전보다 훨씬 다양한 방법과 교묘한 기술로 위장한 채 오늘날에도 끈질기게 존재한다.

도핑은 기술적 어려움 때문에 뿌리를 뽑기 어려울 뿐 아니라 거대 비즈니스화된 커넥션의 검은 손짓이 항상 유혹하고 있고, 과거의 동독이나 최근 러시아의 예에서 보듯이 국가 프로젝트로 자행될 정도로 강력하다. 최근에는 '브레인 도핑brain doping'이라는 용어까지 등장했는데 관련 연구가 앞선 나라들에 의한 '도핑 제국주의doping imperialism'가 우려되기까지에 이르렀다.

도핑은 이같이 복잡한 구조를 갖고 있지만 결론은 간단하다. 바로 스포츠 도핑은 반드시 근절돼야 한다는 것! 그 이유는 무엇보다도 도핑이 스포츠의 공정성을 훼손하기 때문이다.

스포츠는 우리 사회가 추구해야 될 중요한 가치인 공정성을 전제로 한다. 즉 공정한 경기를 위해 체급을 구분한다든가 똑같은 규칙에 의해 경기가 치러지거나 장비 제한이 이뤄지는 등 조건과 상황을 공정하게 만들기 위해 노력하기 때문에 '스포츠는 공정하다'는 믿음을 우리는 갖고 있다.

그동안 도핑 외에도 편파 판정이나 오심, 짬짜미 등 스포츠계에서의 불공정 사례가 무수히 드러난 것은 사실이다. 그럼에도 불구하고 여전히 스포츠는 우리 사회에서 '기회는 균등하고 과정은 공정한' 영역으로 받아들여지고 있다(그렇게 믿고 싶다). 이는 일종의 사회적 자산인데 이 같은 믿음이 깨지면 단순히 스포츠라는 영역이 몰락하는 것뿐 아니라 사회 구성원 간의 '합의된 신뢰' 마저 무너지는 셈이 된다.

도핑은 범죄, 반드시 청산돼야

최근에는 국내 체육대학 입시에서도 도핑이 등장하고 이를 주제로 한 논문마저 나올 정도로 우리 주변 곳곳에도 도핑이 깊숙이 침투해 있다. 이를 막을 수 있는 현실적인 방법은 두 가지밖에 없어 보인다.

우선 집요할 정도로 반복적이며 지속적인 교육이다. 지도자와 선수에 대한 끊임없는 교육을 통해 '도핑 감수성'을 강화하는 것이 가장 효과적이다. 여기에 개인적 성찰에 따른 자각도 필요한데 모든 출발은 개인으로부터 시작되기 때문이다. 이 같은 점에서 위대한 스포츠 선수 중 한 명에서 '가장 정교하고 전문적이며 성공적이었던' 도핑 선수로 추락한 랜스 암스트롱Lance Armstrong의 사례는 시사점이 있다.

수많은 도핑 의혹 제기에도 버티던 그는 2013년 〈오프라 윈프리 쇼〉에 출현해 자신의 도핑 사실을 최초로 인정한 바 있다. 당시 암스트롱의 큰 아들은 초등학생이었는데 학교에서 놀리는 친구들에게 늘 사실이 아니라고 맞서 왔다고 그는 고백했다. 추락한 사이클 영웅은 "나에게 단 한 번이라도 도핑이 사실이냐고 아들은 묻지 않았다. 그러나 이제는 더 이상 변명할 필요가 없다고 말하고 싶다"며 눈물을 글썽였다.

그때 그의 얼굴은 수치심과 좌절감, 후회로 인해 붉은색으로 변했다. 위대한 영웅을 둘러쌌던 명성과 돈이(연방정부는 그에게 1억 달러의 소송을 제기한 바 있다) 한순간에 사라져 버렸다. 그리고 자신에게 가장 소중한 가족의 기대마저 잃어버렸다. 도핑은 선수와 사회와 스포츠를 위해 반드시 청산돼야 될 '범죄'다.

음모와 배신, 반전 거듭되는 임효준 귀화 파문

음모와 배신, 반전이 거듭되는 것이 스파이 영화다. 최근 한국 빙상계에 이 같은 요소가 모두 얽혀 있는, 영화보다 더 흥미로운 사건이 벌어졌다. 쇼트트랙 국가대표 에이스로 한국을 대표하던 임효준(25)의 중국 귀화가 그것이다. 도대체 쇼트트랙 세계챔피언에게 무슨 일이 벌어진 것인가. 갑작스레 소식을 접한 한국과 중국인들은 이를 어떻게 받아들이고 있고 앞으로 진행될 전개 방향에 관심이 쏠리지 않을 수 없다. 개인적으로는 관련 소식을 한밤중에 듣게 됐다. 전달자는 공교롭게도 미국의 모 대학에 재직 중인 중국인 교수. 한때 올림픽을 전담 취재하던 스포츠 기자였던 그가 임효준의 에이전트가 입장문을 발표하자마자 거의 실시간으로 연락해 왔다.

"마이 프렌드, 잘 지내시는가?"

"늘 그렇듯이 잘 지내지(막 자려고 누웠는데 못 자게 됐군)."

"쇼트트랙 한국 올림픽 금메달리스트가 중국으로 귀화했다는 소식 들었어?"

"못 들었는데(여긴 개학 첫 주라 뉴스를 챙기기에는 너무 바쁘다네)."

"한국인들의 반응이 궁금한데?"

"지금 밤 12시야(좋은 얘기는 기대하지 않는 게 좋을 걸!)."

"우리에게는 늘 연구주제가 넘쳐난다고 생각하지 않아?"

"그렇지. 잠 잘 시간이 없을 정도지."

음모? 풀리지 않는 몇 가지 의문들

임효준은 2018 평창 동계 올림픽 남자 쇼트트랙 1500m에서 1위로 골인하며 한국에 최초의 금메달을 안겼다. 2019년에는 세계선수권대회에서 1000m, 1500m. 5000m 계주 금메달을 따며 종합챔피언에 올랐다. 선수로서 승승장구하는 중이었고 내년에 열릴 베이징 동계 올림픽에서도 금메달을 노릴 한국의 대표선수였다. 그러나 2019년 진천선수촌에서 한순간의 실수로 급제동이 걸렸다. 지상 훈련 도중, 쉬는 시간에 암벽에 올라가던 후배의 바지를 내려 강제추행 혐의로 기소됐던 것. 2020년 5월 1심에서 벌금 300만 원을 선고받았다. 그러나 11월 항소심에서는 무죄를 선고받았는데 검찰이 상고해 현재 대법원에 계류 중이다. 최종적으로 무죄가 될 수도 있지만 판결이 뒤집히면 다시 징계가 시작돼 베이징 올림픽 출전이 좌절될 상황이었다. 결국 중국으로 귀화해 이미 중국으로 떠났다. 여기까지가 미디어를 통해 알려진 내용인데 몇 가지 의문이 생긴다. 우선 언론 보도에 따르면 당시 현장에 있던 동료 여자 국가대표선수는 "별 일이 아니라 생각했고 추행할 의도는 없어 보였다"고 증언했다(물론 그녀는 나중에 피해자에 대한 2차 가해라는 지적이 일자 이에 대해 사과했다). 피해를 당한 후배는 극도의 스트레스로 심리상담을 받았고 수면제를 먹어야 잠을 잘 정도였다고 한다. 수치심과 고통이 상상 이상이었던 것 같다. 그렇긴 하지만 임효준과 후배 선수는 세 살 차이로 오랜 기간 알고 지내왔다. 둘 간의 사적인 친밀도야 알 수 없지만 매니지먼트사와 변호사가 개입되면서 사건이 본인들의 의지와 무관하게 흘러간 건 아닐까. 아니면 가능성은 별로 없지만 그동안 있었던 극한의 경쟁과 앞으로도 계속 진행될 경쟁의 고통이 알게 모르게 작용한 건 아닐까. 빙상계에 만연한다는 코치진 간의 알력관계는 없었는지도 모르겠다. 또 중국 쇼트트랙 대표팀은 평창 동계 올림픽 한국팀 감독(김선태)이 현재 총감독을 맡고 있다. 코치는 빅토르 안(안현수)이다. 빅토르 안은 소치 올림픽 전에 귀화해 2014년 러시아의 영웅이 됐기 때문에 묘한 기시감이 드는데 이 둘은 이번 귀화와 관련해 어떤 역할도 한 바 없다고 알려졌다. 그렇다면 중국 내에서 이 모든 정황을 알고 있는 어떤 전지전능한 전략가가 모든 것을 조종했단 말인가.

배신? 아무도 몰랐던 귀화

문재인 대통령은 평창 동계 올림픽에서 임효준이 첫 번째 금메달을 따내자 "일곱 번의 부상을 딛고 금메달을 목에 걸게 된 것에 깊은 감동을 받았습니다… 나머지 경기에서도 팀을 생각하는 마음으로 최선을 다해주시기 바랍니다"고 축전을 보냈다. 이에 임효준은 인스타그램을 통해 "제가 일곱 번의 부상을 당한 것에 대해 언급을 해주셨지만 저는 오히려 부끄럽습니다. 매일 하루하루 저의 훈련보다 힘든 일을 하시고, 지금도 곳곳에서 묵묵히 일하시는 대한민국 국민이 있다는 것을 잘 알고 있기 때문입니다… 그분들을 대신하여 금메달을 목에 걸었다고 생각합니다"라고 감사의 뜻을 표했다. 여기까지가 금메달리스트와 그를 응원했던 대통령과 국민 간의 아름다운 스토리. 당시 한 네티즌이 표현했듯이 '대통령님 말씀도 금메달, 답변도 금메달'인 셈이다. 그러나 임효준이 '린샤오쥔'으로 불리며 중국 대표팀으로 뛰기 위해 귀화했다는 보도가 나오며 드라마는 궤도를 이탈했다. 물론 일부 네티즌들은 연금과 병역 혜택을 운운하며 격렬한 비난에 나섰고 일각에서는 어차피 한국에서 선수로 뛸 수 없다면 자신의 꿈을 향한 선택을 과도히 비난할 것은 없다고 주장했다. 예상했던 뜨거운(?) 반응도 있고 예상보다 훨씬 차분한 지적도 나오고 있는 것이 사실이다. 그러나 실망감을 넘어 일종의 배신감을 느끼는 것이 당연해 보이기는 하다.

반전! 아무도 알 수 없는 귀화의 결과

그렇다면 귀화까지 감행하며 중국국적을 택한 임효준은 과연 본인의 희망대로 베이징 올림픽에서 금메달을 딸 수 있을까. 한국 언론은 쉽지 않으리라 전망한다. 국제올림픽위원회IOC 헌장(제41조 제2항)에서는 국적을 바꾼 선수가 다른 나라 대표선수로 뛰기 위해서는 마지막 대회일로부터 3년이 지나야 한다고 규정하고 있기 때문이다. 임효준의 마지막 한국대표로서의 경기는 2019년 3월에 열린 세계 쇼트트랙 선수권대회였고 베이징 올림픽은 3년에서 한 달이 모자라는 2022년 2월에 끝난다. 대한체육회가 동의하거나 IOC가 승인하면 출전이 가능하지만 예단할 수 없다. 한국에서 무죄가 나기를 기다렸다 국가대표가 되는 것보다 못한 결과가 나올 수 있는 것이다. 대한체육회가 대승적인 차원에서 동의할 수도 있지만 '한국팀의 사기도 고려해야 되고 메달 전략도 고려해야 되는' 사안이라 속단할 수 없다. 이래저래 반전에 반전이 거듭되는 '스파이 감성의 올림픽 드라마'인 셈이다.

다시 중국인 교수와의 대화

"중국 대표팀에게 누가 한국 코치를 소개해 줬는지 알아?"

"몰라(귀화한 것도 모르고 있었는데 알 턱이 있나)."

"내가 연결해줬지."

"돈 좀 벌었겠는데(언제 만나면 술 사)?"

"한 푼도 못 받았어. 은혜를 모르는 놈들이지. 그나저나 이상해. 중국에서 정보를 통제하는 것 같아. 중국과 한국 사이의 일이라면 지금쯤 여기저기서 논쟁이 벌어지고 난리가 나야 할 텐데 이상하게 조용해. 중국의 공식입장이 없는데 무슨 생각들인지 알 수가 없어."

"일반인들이 뭐라고 하는지 궁금하군(네 생각을 말해봐)."

"사람들은 아주 행복해 하는 것 같아. 중국은 최근에 쇼트트랙에서 성적이 좋지 않았고 재능 있는 선수들도 없어. 그런데 이번에 한국 선수를 이용해 손 안 대고 한국을 이길 수 있는 아주 좋은 기회를 잡았다고 생각하지."

"…(그렇겠지. 이이제이(以夷制夷)란 사자성어는 중국인이 만들었지)"

외국인의 국가대표 귀화 문제

올림픽은 돈이 투입되고 첨단 기술이 동원될 뿐 아니라 정치적 계산이 난무하고 문화적 품위까지 거론되기 때문에 스포츠 경기 그 이상이다. 그래서 우리에게는 '재깍재깍'거리는 시계 소리가 시한폭탄의 초침일지, 희망을 품은 뉴욕 타임스 스퀘어의 '60초 신년 카운트다운'이 될지 걱정스럽다. 그러거나 말거나 시간은 가기 마련이다.

여기서 잠깐, 평창 프로젝트에 의해 '파란 눈'의 선수들이 한국 대표로 귀화하는 광경을 떠올려 보자. 언어와 습성과 외모도 다르고 음식 취향도 다른 외국인 가슴의 태극 마크는 여전히 낯설다. 단순히 스포츠 노동 이주자의 초국가적 이동이라는 이해를 넘어 민족감정이 스멀스멀 기어오른다. 그래서 찬반에 대한 스펙트럼이 넓다. '메달에 눈먼 무책임한 유입'부터 '목적 달성을 위한 가장 빠른 대안'까지 편차가 크다.

외국인 운동선수가 한국에 첫 발을 내디딘 해는 1983년이다. 브라질 축구선수 두 명이 시초다. 이후 자신의 국적을 유지한 채 스포츠 노동력만 제공하는 외국인 선수를 야구 · 축구 · 농구 · 배구 · 탁구 경기장에서 흔히 볼 수 있게 됐다.

한국으로 귀화한 선수로는 올림픽에서 메달까지 딴 탁구의 당예서가 있고 캐나다와 미국 출신의 아이스하키 선수들은 현 국가대표팀 주축으로 활약하고 있다. 최근에는 독일의 루지 선수도 귀화했다. 역으로 양궁, 쇼트트랙, 야구, 유도 등에서 한국 선수가 국적을 바꾼 바 있다. 이들 중에는 국내로 재귀화한 경우까지 있다.

외국인 선수의 국내 유입은 '국제 경쟁력 강화'와 '흥행'이라는 두 마리 토끼를 염두에 두고 진행됐지만 오히려 국내의 우수한 투수나 뛰어난 공격수 부재를 불러오는 등 뜻하지 않은 결과로 나타나기도 한다. 그러나 국경선 개념이 희미해진 시대에 외국인(스포츠) 노동자에 대한 배척과 저항은 무의미해 보인다. 최근의 한 연구에 따르면 여성과 젊은층, 저학력, 저소득층일수록 귀화한 외국인 선수에게 부정적이라고 한다.

흥미롭게도 정치적으로 진보와 보수 모두 중립적인 입장보다 선수 귀화를 긍정적으로 바라보는 것으로 나타났다. 다문화 수용성에 대해 예민한 진보와 함께 보수적인 성향의 집단은 외국 문화 접촉 기회가 많아 개방적인 태도를 보인 것으로 풀이됐다.

이제 단일민족이라는 '신화'는 다민족 · 다문화 사회로 이동한 한국에서 재점검될 필요가 있다. 따라서 귀화 선수를 외부로부터의 신선한 수혈로 보는 것이 적절해 보인다. 지금은 이들을 어떻게 한국 스포츠 문화에 스며들게 하고 앞으로 어떻게 활용할 것인가에 더 마음을 써야 할 때다. 폐막식이 시작되는 순간 '뉴 한국인'의 마음속에 '좋은 추억 하나 잘 만들었으니 이제 떠나야겠다'고 생각한다면 프로젝트는 완전 실패작이다. 덩달아 "결국 메달 따려고 프로젝트만 가동했다"는 곱지 않은 시선은 덤으로 따라올 것이기 때문이다.

닮은 듯 닮지 않은 히딩크와 박항서 신드롬

한국 또는 한국 문화의 세계화를 논할 때 스포츠를 둘러싼 다양한 현상을 빼놓을 수 없다. 특히 요즘은 한국의 스포츠 지도자들이 세계로 나가 자신의 경험과 기술 등 지식을 전수하고 있어 더욱 그렇다. 새로운 '이주의 시대'라 부를 만한데 이런 현상을 단순히 '개인의 영리활동'으로만 볼 수 있을까.

베트남의 23세 이하U-23 축구대표팀을 이끌고 아시안게임에 참가한 박항서 감독을 보자. 그는 베트남 역사상 처음으로 8강에 이어 4강 진출이라는 쾌거를 이뤘다(글이 작성된 시점). 이에 앞서 올 1월에는 아시아축구연맹 U-23 챔피언십 결승에 진출해 이미 국민적 영웅으로 떠오른 바 있다. 축구가 인기 있는 다른 나라와 마찬가지로 베트남도 '9천 500만이 축구감독'이라는 정글이다. 그 속에서 박 감독은 살아남았다. 이제는 슬슬 '출구 전략'이 걱정될 정도지만, 어쨌든 그의 성공 스토리는 계속되고 있다. 베트남에서 불고 있는 박항서 현상은 여러 면에서 한국의 히딩크 신드롬과 비슷한데 이는 두 가지 관점에서 흥미롭다.

우선 **'타자화othering 현상'**. 독일에서 활동 중인 철학자 한병철은 그의 저서 『피로사회』에서, 이민자조차도 오늘날에는 '면역학적 타자'로 볼 수 없다고 말했다. 세계화 시대의 공존을 위해, 배척은 무의미하다는 뜻이다. 그러나 자국에 들어와 활동하는 외국인을 향한 방어기제는 여전히 작동 중이다. 그래서 쉽사리 '우리'라는 개념에 포함시키지 않는다. 이런 점에서 히딩크 사례는 독특하다. 그는 명예시민증은 물론 '희동구'라는 한국 이름도 얻었고 관련 책만 200권이 넘게 쏟아졌다. 국내 많은 대학에서는 앞다퉈 명예박사 학위를 수여했다. 아마도 한국인이 자발적으로 마음의 문을 열고 '타자가 아닌 우리'로 받아들인 최초의 사례일 것이다. '한국에 왔던 네덜란드인'과 비교하면 '베트남으로 간 한국인' 박 감독은 어떨까? 베트남 총리가 그를 만나기 위해 한 시간 넘게 기다리고 승전보가 울릴 때마다 수백만 명이 거리에서 '금성홍기(金星紅旗, 베트남 국기)'를 흔들었다. '사농공상병(士農工商兵)'이 모두 포함된 인민들은 지난 2002년 우리의 모습과 다를 것 없다(물론 거리의 풍경에 오토바이는 훨씬 많이 보였지만). 얼마 전 베트남인들이 그의 귀화를 요구한다는 보도가 있었다. 그러나 아직은 '고마운 외국인' 차원에 머물러 있는 것으로 보인다. 현상은 비슷하지만 농도는 다르다.

두 번째는 박 감독이 보여준 **리더십**. 그동안 스포츠 리더십 연구는 지도자의 특성에 맞춘 사회심리학적 프로파일링에 관심을 두었지만 요즘은 결과를 이끌어낸 리더십 요체를 파악하는 방향으로 진화하고 있다. 히딩크 리더십은 변혁적 리더십transformational leadership이다. 선수단을 장악하는 카리스마와 함께 유머와 배려가 특징이고, 무엇보다 선수에 대한 자극을 통해 개개인의 상상력과 사고력, 문제해결 능력에 변화를 가져왔다. 이를 '우두머리alpha male 리더십'이라 한다면 박항서 감독의 경우는 '섬기는servant 리더십'으로 부를 수 있다. 물론 박 감독도 카리스마를 바탕으로 하지만 선수들의 발을 맛사지 해주고 "준우승에 그쳐 미안하다"는 겸허함으로 호감을 얻었다. 베트남 언론들은 그를 "사랑으로 가득 찬", "노인이지만 어린이처럼 농담하는", "어머니가 보고 싶어 하는" 등의 수식어로 표현한다. 닮은 듯 다른 리더십이다.

베트남은 한국의 3위 수출시장이고 지난해만 250만 명에 가까운 한국 관광객이 방문했을 정도로 긴밀한 나라다. 그러나 양국 사이에는 역사적인 아픔이 있다. 노무현 전 대통령과 문재인 대통령이 유감을 표명한 바 있지만 지난 4월 베트남전에서 학살당한 마을의 생존자들이 국회에서 정부의 진상 규명과 사과를 요구했다. 마음이 아프다. 여전히 해결해야 할 과제가 남아 있다. 박항서 현상은 이들을 위로하고 나아가 베트남과 한국의 전향적인 발전에 기여한다는 점에서 히딩크의 경우와 다르다. 오롯이 스포츠만이 갖고 있는 역할과 능력이 있기에 그의 대표팀 행보가 주목되고, 또 기대된다.

10 팬데믹 시대의 스포츠

티파니라는 이름의 이 여성은 아마도 소녀시절부터 야구장에서 캐치볼을 했을 것이다. 그리고 그녀는 야구라는 경기의 매력에 시나브로 빠져 들었을 것이다. 그녀의 삶에 야구는 떼려야 뗄 수 없는 존재가 됐고 마이너리그 경기를 보러 가면서도 글러브를 챙겼다는 사실만으로도 우리는 많은 것을 알 수 있다. 성별과 나이에 관계없는 스포츠 경험, 생활화된 스포츠 활동, 모여서 함께 응원하는 것이 일상화된 스포츠 관전 문화… 파울볼이 날아오는 순간, 그녀는 번개처럼 일어나 손을 뻗었고 공을 잡는 데 성공했다.

코로나19 바이러스와 스포츠 팬 그리고 스포츠의 미래

Ⅰ. 여는 글

호모 사피엔스Homo sapiens라는 학명으로 불리는 현생인류는 스포츠를 창안했다. 지금까지 지구 위에 존재했던 그 어떠한 종도 하지 못한 일이다. 오직 인류만이 만들고 즐겨 왔던 스포츠는, 세계화globalization 물결을 타고 전 지구적으로 대유행을 일으켰다. 그러나 감염병의 세계적 유행을 의미하는 팬데믹pandemic 현상으로 인해, 인류 삶의 모든 영역과 마찬가지로 스포츠도 '폐쇄와 축소, 연기'라는 극심한 영향을 받고 있다. 코로나바이러스가 프로와 아마추어 스포츠 등 관련 산업은 물론이고 스포츠 팬에게 미친 파급(괴)력을 우리는 매일 실감하고 있다. 전 지구적으로 벌어지고 있는 스포츠 현상sporting phenomena을 스포츠 팬을 중심으로 점검하고 향후 전개될 스포츠의 미래를 전망해 보고자 한다.

현재 벌어지고 있는 다양한 스포츠 현상을 지켜보다 보면 우리 눈 앞에 어떤 풍경landscape이 그려진다. 이를 '스포트스케이프sportscapes'라 불러도 좋을 것이다. '스포트스케이프'라는 개념은 아르준 아파두라이Arjun Appadurai가 『고삐 풀린 현대성Modernity at large』에서 제시한 '에스노스케이프ethnoscapes'에서 착안됐다. 스포츠 팬들의 스포츠 경험이 미디어를 통해 표출되고, 그들의 체현된 표현이 드러내는 일련의 전경을 의미한다. 이 같은 풍경은 '스포츠 스타, 스포츠 활동, 스포츠 팬의 가상 세계imagined lives 속에서 나타나는 반응'과 함께 '유동적이면서도 불규칙한 스포츠와 관련된 의식의 흐름'까지 포함한다(Yoo et al., 2018). 따라서 이 연구에서 사용한 '스포트스케이프'라는 용어는 기존에 연구자들이 사용했던 개념과는 다른 의미를 갖는다. 예를 들어, 마크 스토다트Mark C.J. Stoddart(2010)는 페미니스트 운동이 스포츠 현장의 성 평등에 긍정적으로 작용함에도 불구하고 스키 문화에서는 여전히 '남성성 편향의 스포트스케이프(Constructing masculinized sportscapes, 2010)'가 노정된다고 주장했다. 특정 스포츠와 관련해 문화적 현상을 표현하기 위해 사용했을 뿐, 미디어를 통해 나타난mediated 의식의 변화를 담아내지는 않았다. 존 베일John Bale은 스포츠 경험을 설명하기 위해 공간적 영역과 특정한 장소를 설명하는 개념으로 '스포트스케이프'란 용어를 사용했다(Dyreson 재인용, 2008). 여기서는 단순히 지리적인 뜻으로만 개념을 한정했다. 스포츠경영학에서는 더욱 제한적으로 사용됐는데, 매튜 생크Matthew D. Shank와 마크 리버저Mark R. Lyberger(2015)는 '스포트스케이프sportscape'는 경기장의 물리적 환경을 의미하며, '경기장 접근성, 시설의 미적 요소, 전광판의 품질, 좌석의 편안함, 공간 배치의 접근성' 등으로 구성된다고 설명했다(이상학 외, 2017). 경기장이라는 공간에만 연결시켰다는 점에서 가장 좁은 의미로만 사용했다.

지금은 '역사상 유례가 없는 미디어 폭발' 시대다(유상건, 2020). '스포트스케이프'는 다양한 미디어 플랫폼의 출현과 디바이스의 다변화, 인터넷 공간이라는 요소를 배제하면 제대로 드러낼 수 없다. 국내외 미디어와 해외에서 출간 예정인 책의 논문을 통해, 지금 현재 지구촌 곳곳에서 벌어지고 있는 스포츠 풍경을 살펴보자.

Ⅱ. '코비드 시대'의 불확실성

지금으로부터 5년 전, 『스포츠의 미래The future of sports』라는 50쪽짜리 보고서가 발간됐다(Dellaware North, 2015). 이 보고서는 경기장, 방송, 선수, e-스포츠, 팬, 팀과 리그, 스폰서십, 티켓, 익스트림 스포츠 등 다양한 영역에 걸쳐 25년 후를 예측했다. 스포츠가 2040년에는 어떻게 전개될지를 미리 그려본 셈이다. 경기장을 예로 들면, 2020년에서 2025년 사이에는 경기장 설계 시 비디오

장막video wall이 고려되며 경기장에서는 홀로 그래픽으로 경기 장면을 재확인하고 3D 안경으로 관람할 것으로 예상했다. 같은 기간에 선수들은 부상 방지와 안전을 이유로 유전학의 힘을 빌릴 수 있을 것으로 전망했다. 지금으로부터 10년에서 25년이 지나면, 인간이 로봇과 대결하는 일은 없겠지만, '인간 vs. (유전과 과학의 힘으로 능력이 극대화된) 인간'의 대결이 펼쳐질 것으로 내다봤다. 스포츠 팬과 관련된 내용은 급진적이다. 팬은 다양한 미디어 기기에 연결된 채, 무한대로 네트워크가 확장 가능한 소셜 미디어 플랫폼을 등에 업고 팀과 리그와 스폰서를 좌지우지할 수 있는 '절대권좌'에 올라탄다. 더욱이 수십 대의 중계 카메라가 배치됐다 하더라도 어떤 팬은 늘 미디어보다 더 현장에 가깝기 마련이다. 미디어 종사자들은 고성능의 웨어러블wearable 비디오 장치를 통해 찍은 팬의 영상을 구걸해야만 하는 불가피한 상황을 맞게 된다. 프로팀의 스카우트는 스포츠 팬이 만든 영상과 인공지능AI의 데이터에 의존할 수밖에 없게 된다. 단순한 팬에서 권력을 가진 '수퍼팬'으로 지위가 격상되는 것이다.

보고서는 스포츠의 미래에 대해 '근사한 때로는 그럴싸한' 전망을 선보였다. 그러나 보고서 어디에도 바이러스에 의해 일그러질 스포츠의 가능성에 대한 언급은 없다. 바로 5년 후 코로나19로 인해 스포츠가 왜곡될 '코비드 시대'는 아무도 예상하지 못했던 것이다.

생태학자 최재천 교수는 최근 한 방송에서 이런 말을 했다. "대략 25만 년을 생존했던 인류가 앞으로 25만 년 이상 살아남을 수 있을까 동료 학자들과 내기를 했습니다. 열에 아홉 명은 생존 불가로 베팅하겠다고 말했습니다. 결국 내기가 성립될 수 없었죠." 지구의 역사라는 시간으로 보면 찰나에 불과하지만, 그마저도 인류에게는 허락되지 않으리라는 암울한 전망이다. 인류는 그동안 페스트를 비롯해 에볼라바이러스, 스페인독감(인플루엔자A), 사스(중증급성호흡기증후군), 메르스(중동호흡기증후군), 신종플루 등 다양한 바이러스와 싸워 왔고 끝내는 이겨 왔다. 그러나 코로나바이러스는 교통의 발달로 인해 활발해진 국제 이동을 이유로 전례 없는 확산세를 보이고 있다. 그리고 인류는 아직까지 속수무책으로 당하고 있다. 더욱 우려스러운 것은 '퍼펙트 스톰(더할 나위 없이 나쁜 상황)'은 아직 오지 않았다는 점이다. 변형된 바이러스가 나타날 가능성도 높고, 치사율이 50%에 육박하는 바이러스가 등장한다면… 상상만으로도 끔찍하다.

경제 전문가들은 현재까지 진행된 상황에만 기초해도, 장기 침체는 물론이고 대공황 이후 최악의 경기 침체가 올 것으로도 예상하고 있다. 인류의 의식주와 관련된 산업은 전면적으로 위축과 역성장의 방향을 향해 나아가고 있다. 당연히 스포츠 영역도 예외일 수는 없다. 유엔 전문기구인 국제노동기구ILO의 이상헌 고용정책국장은 전 세계적인 '봉쇄 세대lockdown generation'가 등장할 것으로 우려한다(경향신문, 2020, 6, 6). 비정규직에 종사하는 청년층이 노동현장에서 이탈하는 현상이 가속화되고, 이들을 위한 교육과 직업훈련이 사라지고 있다. 그나마 온라인으로 진행되는 교육의 질도 낮아 일자리를 찾을 가능성은 더욱 낮아지고 있다. 역사상 존재하지 않았던 세대가 등장하게 되는 것이고 이는 아무도 예측할 수 없었던 일이다. 소비와 여가, 취향과 경험에서 확실히 다른 호모 콘수무스(homo consumus, 소비하는 인간)의 등장은 기존의 스포츠에게 새로운 길을 요구하고 있다.

Ⅲ. 스포츠 '상실의 시대'

그 많던 스포츠는 다 어디로 갔을까? 사라졌던 스포츠는 이전과 같은 모습으로 다시 돌아올 수 있을까? 지난 4월 데이터를 중심으로 전 세계 300개 이상의 스포츠 관련 조직에게 비즈니스 기회를 제공하는 '투써클즈Two Circles'는 스포츠 계에 음울한 소식을 전했다. 올해 열릴 예정이던 5,000명 이상의 입장이 예상되는 스포츠 경기 중 53%에 불과한 2만 6,424개의 경기만이 개최가 가능할 것으로 내다봤다.

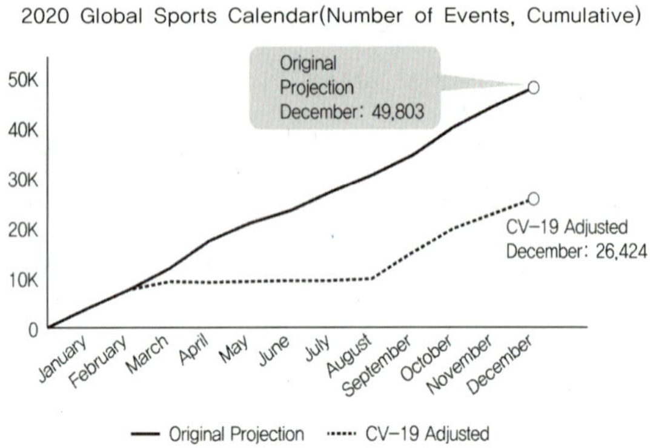

그림 10-1 전 세계 글로벌 스포츠 경기 취소 예상

출처: https://twocircles.com/gb-en/articles/covid-to-halve-2020-sports-calendar/

ESPN은 관련 보도에서 올해 세계의 스포츠 산업 매출은 616억 달러(한화 약 67조 원)가 축소돼, 737억 달러에 그칠 것이라고 보도했다(4월 21일자). 그러나 이 수치는 전 세계의 코로나 확산 추세가 완전히 벌어지기 전인 것이 문제다. 한국의 야구와 축구 등을 비롯해 분데스리가 등 해외의 스포츠 리그가 무관중으로 진행되고 있다. 그러나 이미 2020 도쿄 올림픽은 연기됐고 상황은 점점 미궁 속으로 빨려 들어가고 있다.

그동안 경기장에는 늘 선수가 있었고, 응원하는 팬이 있었으며, 때로는 우리가 전혀 예상치 못했던 드라마틱한 장면들이 쏟아졌었다. 그것은 반드시 선수들의 플레이에만 국한됐던 것은 아니다. 아래 사진은 열혈 야구팬이 8개월 된 아들을 안고 파울볼을 잡는 장면이다(〈그림 10-2〉 참조). 놀랍지 않은가. 티파니라는 이름의 이 여성은 아마도 소녀시절부터 야구장에서 캐치볼을 했을 것이다. 그리고 그녀는 야구라는 경기의 매력에 시나브로 빠져들었을 것이다. 그녀의 삶에 야구는 떼려야 뗄 수 없는 존재가 됐고 마이너리그 경기를 보러 가면서도 글러브를 챙겼다는 사실만으로도 우리는 많은 것을 알 수 있다. 성별과 나이에 관계없는 스포츠 경험, 생활화된 스포츠 활동, 모여서 함께 응원하는 것이 일상화된 스포츠 관전 문화… 파울볼이 날아오는 순간, 그녀는 번개처럼 일어나 손을 뻗었고 공을 잡는 데 성공했다. 한 장의 사진이 과거 스포츠 풍경의 많은 것을 함축적으로 보여 준다. 그러나 당분간은 절대 볼 수 없는 장면이다.

그림 10-2 아이를 안고 파울볼을 잡아내는 여성 야구팬

출처: Richmond Times-Dispatch

다음의 사진은 어떤가. 〈그림 10-3〉은 2016년 애틀랜타 브레이브스Atlanta Braves와 피츠버그 파이리츠Pittsburgh Pirates 간의 스프링 캠프 경기에서 8살짜리 아들을 향해 날아오는 배트를 아버지가 막아내는 장면이다. 모두가 날아오는 배트를 보고 피할 때, 소방대장인 션은 힘껏 팔을 뻗어 대형사고로부터 아들을 구해냈다. '소방대원 모드'에서 '아빠 모드'로 전환한 그는 경기장에서 우리의 감탄과 감동을 불러일으켰다. 물론 이 소방대원은 방송과 가진 인터뷰 자리에 나온 아내로부터 "애초에 경기장에 가지 않았으면 그런 일은 없었을 것이다"는 핀잔을 들어야만 했지만 말이다. 경기장에서 벌어지는 아버지와 아들의 에피소드는 언제나 진한 감동을 불러일으킨다. 할아버지로부터 손자에 이르기까지 삼대가 한곳에 나란히 앉아 경기를 지켜보며 응원하는 모습은 상상만으로도 즐겁다. 이 두 개의 장면은 모두 스포츠가 경기장에서 생생하게lived 진행됐던 '코로나 시대' 이전의 추억이다.

그림 10-3 경기 중 날아오는 배트로부터 아이를 구하는 아버지

출처: MailOnline

지금 전 세계에서 벌어지고 있는 스포츠 팬의 코로나 이후 모습을 살펴보기 위해 2020년 출간된 〈Sport and the Pandemic〉 논문들을 입수해 살펴봤다. 독일, 폴란드, 이스라엘, 미국 등 각국의 스포츠 팬은 온라인 커뮤니케이션 활동을 활발히 하면서, 시민운동 형태로까지 발전하는 모습을 보였다. 또 스포츠 경기의 중단을 통해 사람들이 바이러스의 위험성을 직접적으로 인식하는 계기가 되는 등 (경기장에서 사라진) 스포츠의 힘이 다양하게 나타났다.

독일 국민들은 민주주의의 가치를 실현하기 위해 자발적으로 자원봉사하는 것을 자연스럽게 받아들이는데 코로나 시대의 스포츠 팬들 또한 마찬가지였다. 독일의 축구 팬들은 과거에도 활발한 서포터스 활동을 함은 물론 스포츠와 관련한 중요한 사안이 발생할 경우 캠페인에 참여하고, 항의 시위에 참가하는 것을 당연시한다(Gang, 2020). 분데스리가가 멈춰 섰을 때, 팬들은 소셜미디어인 WhatsApp 등을 통해 활발히 소통했다. 그리고 과거와는 달리 응원팀을 달리하는 다양한 그룹과 온라인을 통해 교류하면서 네트워크를 쌓았다. 경기장에서 보내는 시간이 줄어든 대신, 팬클럽 회원이라는 한계를 넘어 어려움에 처한 이웃을 돕는 방안을 찾는 데 많은 시간을 쏟았다. 또한 독일 내 공중정책이 제대로 이루어지고 있는지에 대한 여론을 형성하는 데도 적극적으로 참여했고, 동시에 독일축구리그DFL의 개혁을 요구하기까지 했다. 코로나로 인해, 평소 소극적이었던 축구 팬들까지 능동적으로 참가하여 시민행동화를 촉진시키는 결과를 가져왔다.

폴란드의 스포츠 팬 활동은 더 극적이다. 지난 3월 4일 폴란드 정부가 코로나바이러스의 유행을 선언한 후 9일 만에 폴란드 축구리그는 중단됐다. 폴란드 최고의 축구 리그 소속인 코로나 키엘체Korona Kielce의 팬들은 "당신이 없다면 우리도 없다(Without You There Won't Be Us)"는 기치하에 위생용품, 깨끗한 물, 식품 등을 모아 지역 헬스센터에 전달했다. 선수들 또한 이에 동참하며 힘을 보탰다. 팬 활동의 일환으로 평소 아동병원을 후원했던 '좋은 사람들 – 어린이를 위한 Legia 팬'들은 아동병원의 환자와 부모는 물론 직원들을 위한 행동에 나섰다(Mazurkiewicz, 2020). 물론 이 과정에서 소셜 미디어가 큰 역할을 한 것은 당연하다.

이스라엘의 충성스런 스포츠 팬들도 예외 없이 '스포츠라는 일상으로부터 단절된' 슬픔을 맛볼 수밖에 없었다. 미국의 스포츠 팬은 코로나바이러스로 인해 스포츠 모바일 앱 사용이 40%나 떨어졌다고 한다. 이스라엘 스포츠 팬들도 마찬가지인데, 그들 또한 어쩔 수 없이 마이클 조던의 〈더 라스트 댄스The Last Dance〉나 〈죽어도 선덜랜드Sunderland til I die〉를 보는 것으로 만족해야 했다(Tamir, 2020). 이스라엘 스포츠 팬은 스포츠 중계가 사라지면서 가족관계에 영향을 받기도 했고(일상의 스트레스로부터 탈출구가 사라져), 사회적 교류의 진공상태로 고통 받았으며(스포츠라는 대화 소재가 고갈됨으로써), 정서적 박탈감을 느끼기까지 했다(응원하는 팀이 승리하는 기쁨을 맛보지 못해). 스포츠에 열광했던 이스라엘인들은 과거 경기를 반추하는 노스탤지어에 빠지거나 온라인 스포츠게임에 몰두할 수밖에 없었다. 스페인 독감이 유행한 1918년 미국의 스포츠 팬들이 느꼈던 절망감과 2020년에 느끼는 팬의 상실감은 결이 다르다. 과거에 팬들이 빼앗겼던 스포츠는 야구와 권투, 대학미식축구 정도에 불과했기 때문이다. 프로풋볼리그NFL는 1920년이 되서야 탄생했고, 오늘날의 팀과 리그 수는 100년 전과 비교할 수 없을 정도로 많아졌다(Pedersen & Williams, 2020). '스포츠 천국'인 미국에서 스포츠는 사회적 인식을 깨우치는 주요 플랫폼으로 작동해 왔다. 무하마드 알리Muhammad Ali에서 콜린 캐퍼닉Colin Rand Kaepernick에 이르기까지 인종 차별에 대한 운동선수들의 저항이 있어 왔으며, 911 이후 열린 뉴욕 양키스의 경기는 미국인들을 위로했다. 또 유방암의 위험과 치료에 적극적으로 나서는 스포츠 리그 등 스포츠와 사회적 의제는 항상 긴밀히 연결돼 왔다. 이와 관련해 코로나바이러스의 심각성을 인식하게 된 계기와 관련해 흥미로운 설문조사가 실시됐다. 질문은 크게 세 개의 섹션으로 분류됐는데 하나는 스포츠 관련으로, 예를 들어 'NCAA 경기가 무관중으로 치러진다는 뉴스를 듣고 코로나바이러스의 위험성을 알게 됐는가'와 같은 내용이었다. 또 다른 섹션은 정부와 관련된 질문으로 이뤄졌는데, '트럼프 대통령이 유럽 여행을 금지한 뉴스를 통해 코로나바이러스의 위험성을 알게 됐는가?'

와 같은 질문들이었다. 마지막 섹션은 스포츠나 정치가 아닌 일반적인 내용과 관련된 질문으로 '톰 행크스가 코로나바이러스 양성반응을 고백했다는 뉴스를 통해 코로나바이러스의 위험성을 알게 됐는가?' 같은 내용이었다. 응답자 중 23.4%는 스포츠와 관련된 발표를 듣고 사태의 심각성을 인식했다고 밝혔다. 정부 발표를 통해 알게 됐다는 비율은 60.7%였다.

Ⅳ. 스포츠 '뉴 노멀 시대'

'뉴 노멀new normal'이라는 단어는 벤처투자가인 로저 맥나미Roger McNamee가 처음 사용했고, 채권운용사 최고경영자인 모하마드 엘에리언Mohamed A. El-Erian이 저성장, 소비 위축, 규제 강화 등 글로벌 금융위기 이후 떠오른 세계경제의 특징을 지칭한 이후 많이 사용되고 있다(두산백과). 자본 증식에 민감할 수밖에 없는 자산운용가들이 만들어 낸 용어지만, 시대 변화에 따라 새로운 질서의 모습을 모색하는 현 시점에서 유용한 면이 있다.

스포츠의 미래를 가늠할 때, 스포츠 '뉴 노멀 시대'의 도래를 말하지 않을 수 없다. 새로운 표준이라는 점에서 새 질서를 얘기하기에 앞서, 무엇보다도 코로나바이러스로 인해 초래된 의학적 위기가 개인 위생과 기초 체력의 중요성에 눈을 뜨는 직접적인 계기가 됐다는 점은 아이러니다. 아무리 많은 예산을 투입해도 사람들의 인식을 일거에 바꾸는 일은 결코 쉽지 않다. 바이러스의 등장은 '그 어려운 것을 단번에 바꾸는' 놀라운 일을 해냈다. 스포츠의 효용성 중 하나가 체력 향상인 것은 누구나 알고 있다. 그러나 일반인들에게는 늘 인식과 행동의 탈동조화 현상이 있었던 것이 사실이다. 하지만 어느 때보다도 개인적인 신체 면역력 증대의 필요성이 중요하다는 것을 깨닫게 됐고, 사람들은 스스로 행동에 나서게 됐다.

과거에는 특별히 주목받지 못했던 홈 트레이닝이 대표적으로 떠오르는 분야다. 온라인 동호회를 통해 훈련하는 '홈트족'이 대표적이다. 홈트족의 강사 이력이 다양화 되는 추세인데 요즘은 체육 전공자 외에 경영학, 미술 전공자는 물론, 의사도 등장한다. 홈 트레이닝을 위한 관련 영상 제작이 활발한데 대한체육회는 전·현직 국가대표 선수들이 시연한 국민체조 영상을 유튜브(대한체육회TV)에 올린 데 이어 영어판 'K-Fit'을 만들어 전 세계 205개 나라 국가올림픽위원회NOC와 종목별 국제연맹IF에 배포했다. 시기적절한 발 빠른 대응이다. 나만을 위한 무료 홈 트레이닝 프로그램은 집에서 체계적인 운동이 가능하도록 한다. 식사와 생활 습관까지 확인할 수 있으며 홈 트레이닝 캘린더까지 받아 볼 수 있다. 골프 세계랭킹 1위 로리 맥길로이Rory McIlroy는 홈 트레이닝 회사가 운영하는 펠로톤Peloton이라는 실내 자전거 운동의 고수임이 밝혀지기도 했다(골프한국, 2020, 4, 29). 자전거에 올라탄 이들은 온라인을 통해 자신의 운동량을 보고하고 직접 온라인 지도도 받는다. 또한 저 너머 어딘가에서 나와 같이 자전거를 타는 사람과 경쟁한다. 이 경쟁은 비대면 시대의 스포츠를 통한 커뮤니케이션이다. 아래의 사진은 피트니스 센터에 갔다 우연히 마주친 장면이다(〈그림 10-4〉 참조). 피트니스 전문 강사가 한 기관의 의뢰를 받고 집에서 직접 운동할 수 있는 방법을 시연하는 장면이다. 많은 카메라가 등장하지도 않았고, 별도의 조명도 없이 기관 직원을 상대로 '가볍게' 촬영하는 모습을 보면서 홈 트레이닝 열풍을 체감할 수 있었다.

그림 10-4 홈 트레이닝 촬영 모습〈저자 제공〉

홈 트레이닝과 함께 스포츠 관람에도 '언택트untact' 문화가 큰 특징이다. 아직까지는 전 세계 어디에서나 대규모로 관중이 모이는 스포츠 행사는 불가능하다. 비접촉, 비대면 형식의 스포츠가 불가피하다. 그래서 스포츠 팬들은 경기장이 아닌 비대면 플랫폼을 통해 경기를 즐기고 있다. 관중이 없는 경기장에 들어서는 선수는 발열 체크를 하고, 출입시간을 기록하며 신원을 확인해야 한다. 그리고 이들을 응원하는 팬들은 경기 내내 온라인으로 연결된 채 이들의 플레이를 즐긴다. 이 같은 서비스는 KT와 SK 야구단이 대표적이다. 이들 구단은 비대면 라이브 화상 응원전을 진행하는데 팬들은 경기장에 설치된 전광판을 활용해 영상과 음성, 응원 메시지를 전달한다. 덴마크의 축구 팬들도 무관중 시대이기 때문에 전광판을 통해 응원을 하고 이는 다른 유럽 국가와 미국도 마찬가지 상황이다. 무관중 시대가 낳은 뜻하지 않은 즐거움도 있는 것이 사실이다. 프로골프의 경우 다양한 이벤트 경기를 기획하기도 했다. 톱프로 골퍼들이 반바지에 직접 백을 메고 라운드를 도는 장면은 평소 같으면 시즌이 한창이라 꿈도 꿀 수 없었을 것이다. 국내에서도 매치플레이 형식으로 진행됐는데 최근에 열린 한국여자오픈에서는 경기장에 위치한 콘도의 발코니에서 응원하는 팬들의 목소리가 이색적으로 들렸다.

또 다른 현상은 자연친화적인 생태학적 운동ecological sports이 전면적으로 뜨고 있다는 사실이다. 골프와 자전거, 등산이 대표적이다. 골프장은 문전성시를 이루고 있다. 이에 편승해 카트비나 그린피를 올리는 부작용이 나올 정도다. 골프는 네 명이 함께 하지만 기본적으로는 개인 운동인데다 사회적 거리두기 압박에서 비교적 자유롭다. 해외여행이 자유롭지 않아 외국으로 빠져 나갈 골퍼가 합류한 것도 큰 이유이지만 자연에서 이뤄지는 골프라는 운동이 갖는 특성 때문인 것으로 풀이된다. 골프장이 '코로나 해방구'가 된 셈이다. 자전거도 전성기를 맞고 있다. 한때 산악자전거MTB가 인기를 끌었고 로드바이크cycle를 거쳐 생활자전거까지 가세했다(한국경제, 2020, 6, 6). 등산과 함께 도심은 물론 강과 들로 연결되는 자전거의 특성이 반영된 것으로 해석된다. 홈 트레이닝과 등산을 즐기기 위해 레깅스 소비가 늘어나고 있는 것도 눈에 띄는데 전국의 소상공인 점포를 대상으로 한 업종별 분석에서 스포츠용품 매출이 전년 대비 60%나 늘어난다는 것은 경기 회복과 스포츠를 위해서는 일단 고무적이라고 판단된다(중앙일보, 2020, 6, 11).

스포츠와 정보통신기술ICT의 결합은 가속화, 전면화의 길로 갈 것이다. 축구팬들은 이제, 프로축구연맹이 내놓은 '집관 프로젝트'를 통해 과거에는 볼 수 없었던 TV 중계를 보게 된 것이 그 예다. K리그 미디어센터 구축은 보다 향상된 중계화면의 질과 콘텐츠 다각화를 가능하게 했다. 중계카메라 플랫폼이 새로 설치됐으며 카메라 위치도 경기장에 가깝게 배치돼 현장감 있는 앵글을 즐길 수 있다. 그래픽 일원화와 함께 다양한 각도와 선수별 하이라이트 제공 등 콘텐츠의 다양화도 '언택트' 시대의 탈출구로 각광받을 것이다(경향신문, 2020, 4, 30). 디지털 스포츠 활동을 위한 시도는 스마트폰과 온라인, 유튜브 채널 등으로 확산되는 추세다. 상업적인 목적 이외에 스포츠 관련 단체나 지방자치단체가 홈 트레이닝 비디오를 제작해 서비스하고 있다. 오산시 체육회는 'ICT 기반 스포츠정보 플랫폼' 구축에 나서기로 했다. 이 플랫폼에서는 홈 트레이닝 체조 제작, 학교스포츠클럽 비대면 사업 프로그램 도입, 시민리그 정보전달 및 대회 운영, 스포츠 종목의 운동량 누적시스템 등이 포함된다고 한다(경인일보, 2020, 6, 15). 국내에서 4차 산업혁명이 논의된 이후 스포츠 ICT는 스포츠의 새로운 길을 열 수 있는 돌파구로 떠오르고 있다. 스포츠와 테크놀로지의 결합이 스포츠의 외연과 내연을 확장시킬 것임은 확실하다. 특히 기존의 스포츠가 제공할 수 있는 즐거움과 의미를 풍부하게 할 수 있을 뿐 아니라 새로운 스포츠의 도입도 가능하며, 과거에 느낄 수 없었던 스포츠 경험을 제공함으로써 또 다른 차원의 스포츠 라이프를 가능하게 할 것이다. 눈에 보이지 않는 바이러스의 등장으로 인해 스포츠의 새로운 양상이 눈에 띄게 나타나고 있다.

V. 닫는 글

전례 없는 인류의 위기 앞에 스포츠는 과거에 경험하지 못했던 상황과 마주치고 있다. 리그는 중단됐고, 선수들은 경기할 장소를 잃어버렸으며 팬들은 경기장에서 사라졌다. 우리의 일상적인 삶은 무너졌고 스포츠 팬들은 이 같은 현실에 좌절해야만 했다. 여전히 상황의 끝이 언제인지 불투명하다. 코로나 백신이 언제 개발될지 알 수 없을 뿐 아니라 5년 주기로 바이러스가 찾아올 것이라는 경고는 미래를 우울하게 만든다. 그러나 스포츠는 아직도 살아 숨 쉬고 있다.

우리 앞에 펼쳐진 '스포트스케이프'는 언제나 스포츠 팬이 그래 왔던 것처럼, 지혜와 힘을 모아 위기를 극복하는 모습을 보이고 있다. 전 세계에서 조금씩 리그가 재개되고 있으며 선수들은 경기장을 달리고 있고, 팬들은 새로운 방식으로 스포츠를 즐기는 방법을 찾아내고 있다. 또 연대의 소중함과 협력의 힘을 깨달았으며, 우리 각자가 건강에 대한 인식을 새롭게 하게 된 것이 소득이다. 스포츠와 건강은 함께하기 마련이다. 바이러스가 적응하고 진화하듯이 스포츠도 발전할 것이다. 그리고 언제나 인류와 함께할 것이다.

포스트코로나 시대의 스포츠를 위한 제언

지구라는 이름의 구체(球體, ball) 위에 살고 있는 78억 명의 인류는 2020년 내내 신종 코로나바이러스 감염증(코로나19)을 견뎌야만 했다. 이 중 지름 72cm에 불과한 작은 구체, 야구공으로 인해 행복했던 단 한 명을 꼽으라면 단연 NC 다이노스 김택진 구단주다. 엔씨소프트의 대표이사이기도 한 그는 야구라는 스포츠를 통해 어린 시절 꿈꾸던 세계를 현실에서 이뤄낸 행운아다. '택진이형'으로도 불리는 그에 앞서 한국 사회에는 '테스형'이 있었다. 그러나 나훈아라는 시대의 가수가 소환한 테스형은 세상에 대한 좌절과 정답 모를 질문과 관련 있지만, 택진이형은 좌절보다는 성취를, 질문보다는 대답을 보여줬다. 택진이형은 어린 시절 '거인의 별'[9)]

9) 김택진 대표가 일본어로 된 '거인의 별'을 읽기보다는 〈소년중앙〉의 별책부록이었던 '태풍을 쳐라'를 봤을 가능성이 크다. 왜 굳이 미디어가 일본 원전을 언급했는지 궁금하다. 지금의 50대 초중반은 '국민'학교에 들어간 이후 '태양을 쳐라'를 봤고, 이후 '태풍을 쳐라'를 거쳐 이상무의 '우정의 마운드'와 허영만의 '태양을 향해 달려라'를 보며 야구라는 '헤어날 수 없는 늪'에 빠져들었다.

을 보며 야구에 흠뻑 빠졌다고 한다. 근력을 키우기 위해 몸에 스프링 깁스를 했던 주인공 성호처럼 발에 모래주머니를 차고, 커브 던지는 법도 익혔단다. 그렇게 한 어린이는 야구라는 꿈을 먹고 자라나 한국 사회에 존재하지 않았던 게임 산업에 뛰어들었고, 야구단을 만들어 마침내 '진짜' 야구부원들의 헹가래 주인공이 되었다. 그의 삶이 우리 사회에 보여 준 상징은 두 가지: 스포츠는 꿈과 시대의 상징.

스포츠: 개인의 꿈과 시대의 상징

우선, 운동선수가 아닌 일반인이 스포츠를 통해 꿈을 꾸고 그 꿈을 향해 한 발짝씩 나아가다 끝내는 목표에 도달한 신화를 보여줬다. 꽤 오래 전 한 기업인을 인터뷰한 일이 있다. 평생 아마추어 골퍼로 산 그는 인생 황혼기에 오롯이 자신이 번 돈으로 골프장을 완성했다. 그때 그가 보여 준 자부심과 기쁨, 감격하던 모습을 잊을 수가 없다. 그런데 그보다 훨씬 젊은 나이에 택진이형은 '스포츠 꿈'을 이룬 것이다. 운동선수가 아닌 우리 사회의 한 구성원이 스포츠를 매개로 자신만의 꿈을 갖는다는 것은 매우 드문 일이다. 그런데 그것이 현실이 되는 것을 지켜본다는 것은 매우 즐거운 일인데 이는 우리 사회의 성숙함을 보여주는 일 아닐까. 택진이형이 상징하는 것은 또 있다. 국내 10개 프로야구팀 중에서 우승을 거머쥔 그의 구단은 굴뚝산업이 아닌 신생산업에 속한다. 즉 설탕과 나일론, 음료수, 건설을 모태로 성장한 기업이 아니다. 창단 당시 엔씨소프트는 연 매출이 채 6,000억 원이 안됐지만 지금은 2조 원을 눈앞에 두고 있다. 국내 상장기업 순위 18위의 시가총액(약 20조 원)은 야구단 중 SK텔레콤과 기아차에 이은 3위다. 이것은 우리 산업 지형의 변화를 보여 주고 달라진 프로스포츠 풍경을 증명한다.

그림 10-5 엔씨소프트 다이노스 선수들의 우승 축하와 리니지의 집행검
출처: https://www.yna.co.kr/view/AKR20201124178400007?section=search

지금은 백신과 치료제로 인해 절망 속에서 희망의 빛이 보이고 있다. 포스트코로나 시대에 펼쳐질 새로운 스포츠 세계에 대해 제안할까 한다. 물론 그 이전에 코로나19 시대에 스포츠계에 벌어졌던 일들을 간단히 살펴보자.

스포츠: 위축된 산업, 지연된 성장

스포츠 생태계의 구성요소는 복잡하다. 국제올림픽위원회IOC나 국제축구연맹FIFA 같은 거대한 행정 조직부터 각 나라의 리그, 클럽, 선수, 스폰서, 미디어, 교육 그리고 팬까지 다양한 층위를 갖고 있고 스펙트럼이 넓다. 이들 각 분야가 모두 몸살을 앓을 수밖에 없었는데 대표적 스포츠 이벤트인 올림픽(도쿄 올림픽)이 연기되며 1만 1,000명의 선수들이 출전 기회를 잃었고 NBC는 12억 5,000만 달러의 중계료를 날렸다.[10] '3월의 광란'이 취소되면서 TV와 마케팅의 기회 손실은 9억 달러에 달했고 플로리다Florida와 켄터키Kentucky, 조지아Georgia, 미주리Missouri, 밴더빌트Vanderbilt, 어번Auburn, 텍사스 A&MTexas A&M 대학이 속한 SEC 리그는 1,700만 달러의 수입을 놓쳤다.

한국의 2020년 스포츠 산업 전체 매출은 53조 592억 원으로 추정된다.[11] 이는 전년 대비 33.8% 감소한 것이다. 코로나19가 위력을 발휘한 지난 9개월간 한국의 스포츠 산업 중 시설업은 전년 동기 대비 1.8배, 용품업은 2.0배, 서비스업은 2.3배 폐업이 늘었다. 매출 또한 평균적으로 40~60% 이상 줄어든 것으로 나타났는데, 전체의 87.9%가 4주 이상 휴업했다고 보고됐다. 스포츠 시설을 이용하거나 용품을 구입한 스포츠 소비액은 전체적으로 8.5% 줄어들었으나 재난지원금이 지급된 5월에는 대폭 늘어나 정책적

---

10) 시장과 소비자에 대한 각종 통계를 제공하는 Statista는 NBA가 4억 5,000만 달러의 입장료 손실을 봤다고도 추정한다.

11) 김상훈 · 김태중(2020). 코로나19 팬데믹과 스포츠 산업의 변화. 〈SI 포커스〉, 2020 12월호(통권 61호). 서울: 한국스포츠정책과학원.

효과를 보여줬다. 물론 자전거(57.4%), 낚시(25.9%), 실내 골프장(19.2%), 실외 골프장(15.7%) 등은 증가한 것이 사실이다. 자연에서 즐기는 친환경적인 스포츠에 대한 수요가 늘었다는 것은 상대적으로 감염의 위험이 적을 것이라는 선입견도 작용했겠지만, 한때 자연 속에서 살아왔던 인간이 바이러스의 위협 앞에서 자연스럽게 추구한 결과로도 보인다.

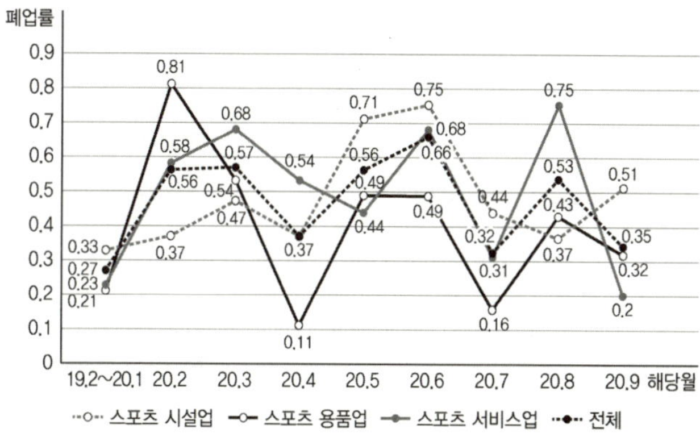

그림 10-6 국내 스포츠 산업의 월평균 폐업률

출처: 김상훈 · 김태중(2020). 코로나19 팬데믹과 스포츠 산업의 변화. 〈SI 포커스〉, 2020 12월호(통권 61호). 서울: 한국스포츠정책과학원.

전 세계 스포츠 산업 규모는 2019년 1,290억 달러였고, 2020년에는 1,350억 달러를 넘어설 것으로 예측됐다. 그러나 실제로는 730억 달러에 그칠 전망이다. 절반이 약간 넘는 셈이다. 미국에서는 지난해 3월부터 6월까지 스포츠 경기가 취소 또는 연기되면서 사라진 스포츠 관련 일자리만 130만 개라고 한다. 메이저리그야구MLB는 60경기로 축소되며 손실액만 40억 달러에 이를 것으로 추산된다. 미국프로농구NBA는 최소 10억 달러의 손실을, 미국풋볼리그NFL는 경기장 손실만 5억 달러가 예상된다. 이에 따라 세계의 스포츠 리더들을 조사한 컨설팅 업체 PwC(Pricewaterhouse Coopers, 프라이스워터하우스 쿠퍼스)는 〈스포츠 서베이 2020〉을 통해 스포츠 산업이 지역에 관계없이(중동지역은 예외) 침체기를 겪을 것으로 전망했다. 전문가들은 스포츠 산업이 완전히 회복되는 데까지 걸리는 기간을 2022년으로 보는 비율이 43,4%로 나타났고 27.1%는 2023년으로 내다봤다. 그러나 이들 중 20% 이상은 2024년 이후나 돼야 회복되거나 아예 모르겠다고 응답했다.

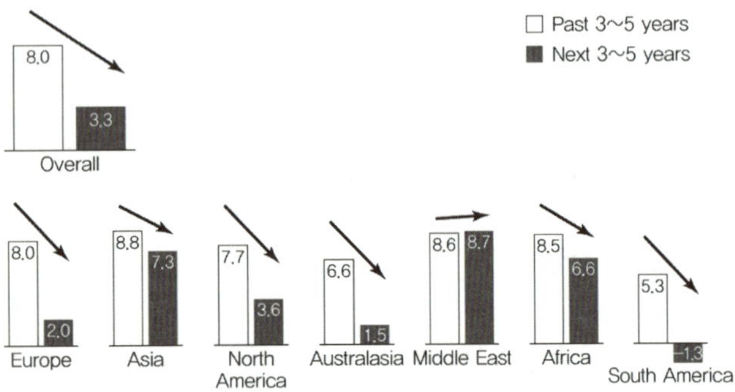

그림 10-7 스포츠 시장 (예상) 성장 추이 비교

출처: PwC'S Sports Survey 2020

코로나19 시대에 쏟아졌던 많은 기사들을 읽다 보면 때로는 놀라웠고 나중에는 걱정과 불안을 넘어 공포에까지 이르렀다. 그중에서 가장 안타깝게 읽었던 기사는 초등학교 1학년생들의 달라진 놀이문화에 관한 내용[12]이었다. 기사는 학교에 입학한 후 많은 날 재택수업을 하다 가까스로(?) 등교한 아이들이 술래잡기를 하며 신체 접촉을 전혀 하지 않더라고 전했다. 아이들은 술래가 몸만 스쳐도 잡힌 것으로 스스로 규칙을 바꿨다는데 서로 몸이 닿으면 소스라치게 놀랐다고 한다. 사람과 사람 사이의 교류는 사회의 유지를 위해 절대 필요한 것이고, 몸을 통해 자연스럽게 소통이 이뤄진다는 점에서 꽤나 충격적이었다. 몸을 통한 교류의 부재와 소통 경험의 상실이 장기적으로 우리 사회에 어떤 영향을 미칠지 알 수 없다. 그러나 '막연하지만 확실한 두려움'이 느껴지는 것이 사실이다. 〈워싱턴포스트〉지는 최근 Z세대인 12세에서 17세의 어린이 중 96%가 스스로를 스포츠 팬이라고 생각한다고 보도[13]했다. 그러나 열혈 스포츠 팬이라고 여기는 비중은 34%로 10년 전에 비해 10% 정도 줄었다. 그리고 이들은 신종 전염병으로 인해 더욱더 스포츠로부터 멀어지고 있다고 전했다. 확실히 팬데믹은 기존 사회를 해체시키고 새로운 사회를 형성한다. 스포츠 또한 마찬가지로 이 기회에 새롭게 전개될 필요가 있다.

---

12) https://news.Joins.com/article/23928370

13) https://www.washingtonpost.com/sports/2020/11/24/gen-z-sports-fans

포스트코로나 시대의 스포츠를 위한 제언

코로나바이러스로 인해 어쩔 수 없이 왜곡되고 위축됐던 스포츠 세계는 늘 그래왔듯이 놀라운 회복탄력성resilience을 보일 것이다. 이럴 때 '좋은 위기를 낭비하는 것은 죄'다. 스포츠의 재구성을 위한 몇 가지 정책 방향을 제언하고 싶다.

우선 '스포츠 격차sports divide' 문제를 짚고 넘어가지 않을 수 없다. '디지털 격차'는 디지털 기술을 제대로 활용할 수 있는 계층과 그렇지 못한 계층 간의 지식과 소득 격차를 의미한다. '스포츠 격차'는 스포츠를 할 수 있는 계층과 없는 계층 간에 벌어질 수 있는, 소득 격차를 넘어 생존의 문제까지 이어질 수 있는 불평등 문제다. 예를 들어 택배 노동자를 생각해 보자. 요즘의 쇼핑은 곧 온라인 쇼핑이고 택배 산업을 온전히 떠받치고 있는 것이 이들의 노동이다. 그러나 택배 노동자들에게는 노동은 있어도 운동은 없다. 그리고 노동은 결코 운동이 될 수 없다. 우리가 '코로나 사태'를 겪으며 깨달은 것 중 하나가 면역의 중요성이다. 그리고 면역력을 키우는 가장 좋은 방법이 운동이라는 사실을 어느 때보다도 확실하게 깨달았다. 택배 노동자들에게 빚을 지고 있는 마켓컬리나 쿠팡 같은 회사는 이들이 건강하게 일할 수 있는 매뉴얼이나 가능한 운동법을 개발해 제공해야 한다. 스포츠는 기본인권 중의 하나지만 이를 가장 필요로 하는 사람들일수록 극단적으로 소외돼 있다. 또 스포츠 정책을 고려할 때 정부가 유의할 것은 운동을 계몽적으로 강요하기보다는 자발적으로 참여할 수 있도록 유도해야 한다는 점이다. 즉 '스스로 동기를 찾아내 운동하도록 설득(persuasive encouragement to exercise)'하는 것이 중요하다. 운동은 습관이 되기까지가 어려운데 이 과정에 '슬쩍' 개입해 옆구리를 '툭' 치는 것이다. 요즘에는 개인이 일정 금액을 내고 운동을 지속하면 그 돈을 고스란히 돌려받는 앱이 유행이다. 만일 정부가 내가 수행한 운동만큼의 금액을 매칭해 주고 이 금액을 내 마음대로 기부할 수 있다면 운동을 해야 할 이유는 두 배가 된다. 이때 나만의 개인운동은 곧 사회를 위한 운동이 된다. 일종의 '넛지효과nudge effect'인데 정책적으로 고려할 만하다. 지금 생각해 봐도 군대에서의 전투체육도 확실히 위에서 시키면 재미가 없었다. 다음으로 스포츠가 정보통신기술ICT의 발전을 더욱더 껴안고 나갈 수 있도록 해야 할 것이다. 홈 피트니스, 스포츠 코칭, 스마트 경기장, 다양한 중계방송 등 테크놀로지가 적용돼 개척할 스포츠의 세계는 무궁무진하다. 구체적인 사례를 일일이 열거하지는 않겠지만, 새로운 산업에서 새로운 기회를 만든다는 측면에서도 중요하고 인간의 스포츠 경험이 확대되고, 이를 통해 인간의 앎과 느낌의 확장이라는 점에서도 새로운 문이 열리게 된다. 스포츠가 디지털화될수록, 디지털이 스포츠를 이해할수록 상호확장이 이뤄진다. 마지막으로 그동안 정치적으로 주로 이용됐던 스포츠의 가치를 교육적 측면에서 적극적으로 확대해야 한다고 주장한다. 우리 대부분은 인공지

능과 자율주행, 빅 데이터, 사물인터넷, 드론과 가상현실의 미래를 보면서 동시에 인간 존재의 의미가 희미해지는 것은 아닌가 질문했던 것이 사실이다. 나 이외에 타인의 가치를 알고, 존재를 느끼며, 동시에 나의 한계를 깨닫고 서로를 소중하게 여기도록 도울 수 있는 것이 스포츠 체험이다. 스포츠만이 제공할 수 있는 고유의 특성이 더욱 소중해 지리라 생각한다. 따라서 포스트코로나 시대에 스포츠의 역할은 더욱 커져야 한다. '날것 그대로'의 경험을 통해 더욱더 인간 속으로 들어가, 우리의 삶을 풍성하게 하는 것이 스포츠 세계이기 때문이다.

기사 출처

01 스포츠는 진보적인가 보수적인가

매일경제(2019, 5, 24). 스포츠의 또 다른 이름은 '저항'.
https://www.mk.co.kr/news/business/view/2019/05/344995/

매일경제(2020, 7, 8). 스포츠 먹이사슬의 음습한 욕망.
https://www.mk.co.kr/opinion/contributors/view/2020/07/697143/

매일경제(2019, 1, 21). 심석희 선수에게 스포츠인권상을 수여하라.
https://www.mk.co.kr/opinion/contributors/view/2019/01/41317/

아시아경제(2019, 1, 17). 엘리트 스포츠 새로운 코칭기법이 대안.
https://www.asiae.co.kr/article/2019011616111771520

02 트럼프, 시진핑 그리고 문재인… 스포츠와 정치가 만날 때

매일경제(2018, 5, 25). '올림픽 공동개최' 꿈꾸며... 남북대화, 스포츠가 먼저.
https://www.mk.co.kr/news/business/view/2018/05/330805/

매일경제(2018, 6, 4). 야구광 · 골프광 · 농구광이 제주서 만난다면?
https://www.mk.co.kr/news/business/view/2018/04/219775/

매일경제(2017, 3, 3). 트럼프와 내기 골프에서 이기는 법.
https://www.mk.co.kr/news/business/view/2017/03/146574/

매일경제(2017, 2, 3). 월드컵 참가국 확대… 시진핑의 꿈★은 이루어질까.
https://www.mk.co.kr/news/business/view/2017/02/77661/

03 스포츠계의 '스티브 잡스'를 찾아서

매일경제(2014, 2, 17). 새로운 스포츠로 '산업 빅뱅' 만들자.
https://www.mk.co.kr/opinion/contributors/view/2014/02/256417/

매일경제(2015, 10, 2). 한국, 국제 스포츠계 '게임 체인저' 돼야.
https://www.mk.co.kr/opinion/contributors/view/2015/10/944302/

매일경제(2016, 12, 9). 4차 산업혁명 시대에도 가슴 뛰는 스포츠는 필요.
https://www.mk.co.kr/news/business/view/2016/12/852483/

매일경제(2018, 10, 26). 평범한 사람이 스포츠로 돈 버는 법.
https://www.mk.co.kr/news/business/view/2018/10/667895/

04 스포츠와 테크놀로지의 교차로

매일경제(2016, 6, 10). 오래 사는 삶, 건강하고 즐겁게... 스포츠 스타트업 뜬다. https://www.mk.co.kr/news/business/view/2016/06/415654/

매일경제(2019, 2, 15). 미래 스포츠 산업도 데이터에 달렸다.
https://www.mk.co.kr/news/business/view/2019/02/92801/

매일경제(2019, 4, 19). 스포츠 분야도 4차 산업혁명 진행 중.
https://www.mk.co.kr/news/business/view/2019/04/243031/

05 스포츠가 주는 울림과 떨림

헤럴드경제(2017, 6, 16). 골프가 우리에게 줄 수 있는 것-아버지와 아들편.
http://biz.heraldcorp.com/sports/view.php?ud=201706161320132377470_1

헤럴드경제(2017, 10, 9). 골프가 우리에게 줄 수 있는 것-아빠와 아들편.
http://biz.heraldcorp.com/sports/view.php?ud=201710091728090890257_1

매일경제(2019, 7, 18). 무심코 찾아오는 '스포츠의 매력'.
https://www.mk.co.kr/news/business/view/2019/07/534633/

매일경제(2018, 7, 6). 격렬하지만 아름다운 '월드컵의 추억'.
https://www.mk.co.kr/news/business/view/2018/07/425403/

06 스포츠를 말하는 미디어의 바른 생활

동아일보(2014, 2, 7). 소치 올림픽에서 읽고 싶은 기사는.
https://www.donga.com/news/article/all/20140207/60633072/1

매일경제(2019, 9, 25). 한일갈등 · 후쿠시마 논란과 도쿄올림픽.
https://www.mk.co.kr/opinion/contributors/view/2019/09/762852/

매일경제(2020, 2, 7). 신종 코로나 위협과 도쿄올림픽 흥행.
https://www.mk.co.kr/opinion/contributors/view/2020/02/126108/

07 서울-평양 공동 올림픽으로 가는 길

유상건(2018). 세계성, 공시성, 그리고 특수성: 남북한 2032 공동올림픽 개최의 의미. 〈스포츠과학〉, 2018 겨울호(통권 145호). 20-25.

매일경제(2018, 12, 21). 올림픽 공동개최 '미완성 꿈' 안 되려면.
https://www.mk.co.kr/news/business/view/2018/12/794917/

매일경제(2019, 10, 24). 2032 올림픽 공동유치, 냉정과 열정 사이.
https://www.mk.co.kr/news/business/view/2019/10/866308/

08 평창에서 있었던 일

매일경제(2016, 11, 11). 평창 개막식은 서울올림픽과 달라야 한다.
https://www.mk.co.kr/news/business/view/2016/10/751841/

매일경제(2017, 8, 25). 평창, '평화 올림픽' 어젠다 꼭 이뤄져야.
https://www.mk.co.kr/news/business/view/2017/08/569433/

매일경제(2017, 4, 14). "스포츠는 힘이 세다" 평창올림픽 화합 기회로.
https://www.mk.co.kr/news/business/view/2017/04/253049/

매일경제(2017, 12, 22). 평창동계올림픽 개최국에 필요한 '당당한 매너'.
https://www.mk.co.kr/news/business/view/2017/12/845513/

매일경제(2018, 2, 9). 색다른 외국문화 체험의 場... 올림픽 자원봉사.
https://www.mk.co.kr/news/business/view/2018/02/93691/

09 영웅, 도핑, 귀화 그리고 리더십

매일경제(2017, 10, 27). 예우와 아쉬움 사이… 이승엽을 떠나보내던 날.
https://www.mk.co.kr/news/business/view/2017/10/710255/

매일경제(2016, 5, 11). 수영 박태환 올림픽 출전: '스포츠 영웅'에 인색한 한국… 세계기준에 맞게 규정 고쳐야.
https://www.mk.co.kr/opinion/contributors/view/2016/05/339175/

매일경제(2017, 6, 16). '걸리기 전까지 먹는다'… 스포츠 도핑의 흑역사.
https://www.mk.co.kr/news/business/view/2017/06/403039/

유상건(2017). 불공정 게임, 도핑. 근절돼야 할 스포츠계의 적폐. 〈스포츠1〉, 2017 10월호(통권 16호), 28-29.

시사저널(2021). 음모와 배신, 반전 거듭되는 임효준 선수 귀화 파문.
http://www.sisajournal.com/news/articleView.html?idxno=213347

동아일보(2017, 1, 10). 외국인의 국가대표 귀화 문제.
http://www.donga.com/news/article/all/20170110/82275730/1?=

매일경제(2018, 9, 7). 닮은 듯 닮지 않은 히딩크와 박항서 신드롬.
https://www.mk.co.kr/news/business/view/2018/09/563895/

10 팬데믹 시대의 스포츠

유상건(2020). 코로나19 바이러스와 스포츠 팬 그리고 스포츠의 미래. 〈스포츠산업 이슈페이퍼〉, 2020 6월호(통권 54호), 1-14.

지식협동조합 좋은나라 이슈페이퍼(2021, 1, 11). 포스트코로나 시대의 스포츠를 위한 제언.
https://www.good21.net/issuepaper/?q=YToxOntzOjEyOiJrZXl3b3JkX3R5cGUiO3M6MzoiYWxsIjt9&bmode=view&idx=5635186&t=board

참고문헌

김상훈 · 김태중(2020). 코로나19 팬데믹과 스포츠산업의 변화. 〈SI 포커스〉, 2020 12월호(통권 61호). 서울: 한국스포츠정책과학원.

두산백과. 뉴 노멀.
https://terms.naver.com/entry.nhn?docId=3555991&cid=40942&categoryId=31863

유상건(2020). 『스포츠 저널리즘: 코너스툴과 라커룸』. 서울: 지금.

유상건(2021). 포스트코로나 시대의 스포츠를 위한 제언. 〈이슈페이퍼〉, 현안과정책 344호. 서울: 지식협동조합 좋은나라.

경인일보(2020, 6, 15). 오산시체육회 'ICT기반 스포츠정보 플랫폼' 구축 추진.
http://www.kyeongin.com/main/view.php?key=20200615010003700

경향신문(2020, 4, 30). '집관'도 좋아. 코로나시대의 K리그, 업그레이드 중계로 간다.
http://sports.khan.co.kr/sports/sk_index.html?art_id=202004301630003&sec_id=520101&pt=nv

경향신문(2020, 6, 6). 한국에 'IMF 세대' 있듯, 전 세계에 '봉쇄 세대' 생겨날 수도.
http://news.khan.co.kr/kh_news/khan_art_view.html?art_id=202006060600095

골프한국(2020, 4, 29). '자전거 위의 괴물'에서 '골프 세계 1위'로 돌아온 맥길로이.
http://golfhankook.hankooki.com/01_news/NewsView.php?gsno=10237003

중앙일보(2020, 6, 11). 재난지원금 '약발' 안 먹히는 지역, 서울엔 딱 네 군데 있다.
https://news.joins.com/article/23798858

중앙일보(2020, 11, 24). "술래잡기하다 몸 스치자 소리쳤다" … 아이들 모습에 놀란 교사.
https://news.joins.com/article/23928370

한국경제(2020, 6, 6). 코로나가 소환한 '자전거 열풍'.
https://www.hankyung.com/economy/article/202006160644i

Appadurai, A.(1996). *Modernity at large*. 차원현 · 채호석 · 배개화 (공역)(2004). 『고삐 풀린 현대성』. 서울: 현실문화연구.

Cheung, S. Y., & Mak, J. Y.(2020). The effect of covid-19 on Hong Kong sports. *Sport and the Pandemic*.

Dyreson, M.(2008). Prologue-Cathedrals of sport: Mapping new territories. *The International Journal of the History of Sport, 25*(11), 1420-1426.

ESPN(2020, 4, 21). Agency: Coronavirus to cancel nearly half of scheduled sports events in 2020.
https://www.espn.com/espn/story/_/id/29072667/agency-coronavirus-cancel-nearly-half-scheduled-sports-events-2020

Gang, A.(2020). Changing landscape of civic engagement of fans: Understanding the ramifications of Covid-19 and the absence of face-to-face interaction in European football. *Sport and the Pandemic*.

Gitlin, T.(2003). *The whole world is watching: Mass media in the making and unmaking of the new left, with a new preface*. LA: University of California Press.

Maese, R.(2020, 11, 24). Sports has a Gen Z problem. The pandemic may accelerate it. *The Washington Post*.
https://www.washingtonpost.com/sports/2020/11/24/gen-z-sports-fans

Mazurkiewicz, M.(2020). Duties of the heart: the mass mobilization of Polish football fans in the face of Covid-19. *Sport and the Pandemic*.

Müller, M.(2015). What makes an event a mega-event? Definition and sizes. *Leisure Studies, 34*, 627-642.

Pedersen, Z. P., & Williams, A. S.(2020). Time to get real: The influence of sport on the public's recognition of a global pandemic. *Sport and the Pandemic.*

Rowe, D.(2012). *Global media sport: Flows, forms, and futures.* 유상건 · 노광우 (공역) (2017). 『글로벌 미디어 스포츠: 흐름, 형태, 그리고 미래』. 서울: 명인문화사.

Rowe, D.(2018). The worlds that are watching: Media, politcis, diplomacy, and the 2018 PyeongChang Winter Olympics. *Communication and Sport, 6*(4), 1-20.

Shank, M. D., & Lyberger, M. R.(2015). *Sports marketing.* 이상학 · 이승필 · 임충훈 · 홍진배 (공역) (2017). 『스포츠 마케팅』. 서울: 한경사.

Stoddart, M. C.(2010). Constructing masculinized sportscapes: Skiing, gender and nature in British Columbia, Canada. *International Review for the Sociology of Sport, 46*(1), 108-124.

Tamir, I.(2020). The deprivation of live sports broadcasts during Covid-19: Israeli sports fans during the global pandemic. *Sport and the Pandemic.*

The future of sports(September, 2015). Delaware North.
http://www.gannett-cdn.com/usatoday/editorial/sports/The-Future-of-Sports-2015-Report.pdf

Two Circles(2020, 4, 20). Covid-19 set to halve 2020 sports calendar-new analysis.
https://twocircles.com/us-en/articles/covid-to-halve-2020-sports-calendar/

Yoo, S. K., Lim, C. H., & Chang, J.(2018). Media portrayal of foreign coaches in Korea and Vietnam. *Korean Journal of Communication Studies, 26*(4), 27-45.